地方議会議員ハンドブック

第2次改訂版

全国市議会議長会 著

ぎょうせい

はじめに

　我が国では、出生数の激減と超高齢化の進展により、本格的な人口減少時代を迎え、また、近年の情報通信技術（ICT）の飛躍的な進展は、経済社会の仕組みに劇的なデジタル変革をもたらしています。さらに、3年を超える新型コロナウイルス感染症のまん延は、地域の住民生活や雇用環境に深刻な影響を及ぼしており、ポストコロナを展望した地域再生の取組みを強化する必要があります。

　このような中、地方公共団体の重要な意思決定を行う地方議会の役割はますます大事になります。住民とのコミュニケーションをより深めながら、監視機能・政策形成機能の強化、デジタルへの対応など不断の議会改革に取り組み、議会に対する住民の理解と信頼の向上を図っていく必要があります。その際、地方自治法はもとより、会議規則及び委員会条例等のルールに則った適正な議会運営に努めることが求められます。

　本書は、地方議会関係者の方々からの要望を受け、地方議会のしくみや議事の流れを分かりやすく解説し、議会での活動のポイントをまとめたハンドブックとして、平成19年6月に発刊しました。平成29年6月の改訂版を経て、このたび、災害等による開会日の変更や委員会のオンライン開催など、最新の地方自治関係法令及び行政実例に対応した第2次改訂版を刊行することといたしました。

　本書の構成は、大きく「議会の基本」「本会議の運営」「委員会の運営」に分け、できるだけ平易な記述とし、読みやすいよう2色刷としております。

　本書が地方議会議員の方々、議会事務局をはじめとする関係機関の方々に身近なハンドブックとしてご活用いただき、地方分権の時代にふさわしい活力ある地方議会の運営につながれば幸いです。

　令和5年5月

全国市議会議長会

事務総長　**橋本　嘉一**

地方議会議員ハンドブック　第2次改訂版

第2章　本会議の運営

第3章　委員会の運営

第４章　協議等の場

資料

凡例

●本書においては、下記のとおり略称を使っています。

　地方自治法……自治法

　公職選挙法……公選法

　標準市議会会議規則……標準会議規則

　標準市議会委員会条例……標準委員会条例

●本書の内容は、令和５年４月１日現在の法令等によるものです。

第1章 議会の基本

1　議員の定数

●議員の定数とは、条例により定められた議会の構成員数をいいます。

▼定数は条例により定める

議会は、当該団体の住民が選挙によって選出した議員によって構成されます。この議会の構成員数を何人とするかを定めたのが議員定数であり、当該定数は、自治法第91条第1項に基づき条例によって決めることとなります。

▼定数は次の一般選挙まで変更できない

条例により定めた議員定数は、次の一般選挙まで変更することができません。一般選挙とは、①任期満了、②議会の解散、③議員の総辞職に伴い行われる選挙をいいます。

▼定数変更の特例

議員定数は、次の一般選挙まで変更することができません。しかし、次に掲げるような場合には、議員の任期中においても議員の定数を変更することが認められています。

①　市町村の廃置分合により著しい人口の増減が生じたとき

②　市町村の境界変更が行われ著しい人口の増減が生じたとき

なお、定数変更の特例により議員の任期中に定数を減少した場合において、議員の現在数が新たに定めた定数を超えているときは、その議員の任期中は議員の現在数を定数とします。ただし、この場合において、議員に欠員を生じたときは、欠員に応じて新たに定め

た定数になるまで減少するものとされています。

▼合併時の議員定数の特例

　自主的な市町村の合併の円滑化のために、市町村の合併の特例に関する法律では、合併後の市町村議会議員の定数や在任期間に係る特例措置が設けられています。

2　議員の選挙

●議員の選挙は、議会を構成する議員を住民の多数の意思によって決める行為です。

▼選挙権

　選挙権とは、議員の選挙に参加する権利を指し、次のとおり法律によって定める要件を満たす場合に与えられます。

①　日本国民であること

②　年齢が満18歳以上であること

③　引き続いて3か月以上市の区域内に住所を有すること

　しかし、次のいずれかに該当する者は、選挙権を有することができません。

①　禁錮以上の刑に処せられその執行を終わるまでの者

②　禁錮以上の刑に処せられその執行を受けることがなくなるまでの者（刑の執行猶予中の者を除く。）

③　公職にある間に犯した収賄罪により刑に処せられ、実刑期間経過後5年間を経過しない者又は刑の執行猶予中の者

④　選挙に関する犯罪で禁錮以上の刑に処せられ、その刑の執行

　猶予中の者

⑤　公選法等に定める選挙に関する犯罪により、選挙権が停止されている者

⑥　政治資金規正法に定める犯罪により選挙権が停止されている者

▼被選挙権

　被選挙権とは、選挙に立候補し、投票の多数を得た場合に議員となることができる資格を指しますが、次のとおり法律によって定める要件を満たすことが必要です。

①　日本国民であること

②　年齢が満25歳以上であること

③　当該市議会議員の選挙権を有すること

　しかし、次のいずれかに該当する者は、被選挙権を有することができません。

①　禁錮以上の刑に処せられその執行を終わるまでの者

②　禁錮以上の刑に処せられその執行を受けることがなくなるまでの者（刑の執行猶予中の者を除く。）

③　公職にある間に犯した収賄罪により刑に処せられ、実刑期間経過後10年間を経過しない者又は刑の執行猶予中の者

④　選挙に関する犯罪で禁錮以上の刑に処せられ、その刑の執行猶予中の者

⑤　公選法等に定める選挙に関する犯罪により、被選挙権が停止されている者

⑥　政治資金規正法に定める犯罪により被選挙権が停止されている者

3　議員の身分の得喪

▼身分の発生

議員としての身分は、当選人の告示が行われた日から発生します。ただし、次の例外があります。

① 　一般選挙が任期満了前に行われた場合には、その任期満了の日の翌日から議員の身分が発生

② 　一般選挙が任期満了前に行われた場合で、選挙の期日後に前任者がすべてなくなったときは、その日の翌日から議員としての身分が発生

③ 　当選人の更正決定、繰上補充で当選人となった者で、兼職を禁止された職にある者は、当選の告知を受けた日から5日以内に当該兼職を禁止された職を辞した旨の届出をしないときは当選を失うこととされているが、この場合には、当該届出があったとき、その日から議員としての身分が発生

④ 　当選人が兼業禁止に該当する場合で、5日以内に兼業禁止に該当しなくなった旨の届出をしないときは当選を失うこととされているが、この場合には、当該届出があったとき、その日から議員としての身分が発生

▼身分の喪失

議員は、次のいずれかに該当する場合、議員としての身分を喪失します。

① 　任期の満了

② 　議員の辞職

③ 　死亡

④　除名

⑤　被選挙権の喪失

⑥　兼職を禁止された職への就職

⑦　兼業禁止規定への抵触

⑧　選挙の無効又は当選の無効の確定

⑨　住民による議員の解職請求

⑩　住民による議会の解散請求

⑪　不信任議決に基づく長による議会の解散

⑫　議会の自主解散

⑬　廃置分合による議会の消滅

4　任期

●**任期とは、議員としての地位を保つ期間をいいます。**

▼**任期は4年**

　議員の任期とは、議員としての地位を保つ期間を指し、自治法第93条により4年とされており、当該任期は、一般選挙の日から起算します。

　ただし、任期の起算には、次の例外があります。

①　任期満了による一般選挙が議員の任期満了の日前に行われた場合において、前任の議員が任期満了の日まで在任したときは、前任者の任期満了の日の翌日から任期を起算

②　任期満了による一般選挙が議員の任期満了の日前に行われた場合において、選挙の期日後に前任の議員がすべてなくなったときは、議員がすべてなくなった日の翌日から任期を起算

　また、補欠議員の任期については、公選法上一般選挙により選挙された議員の任期満了の日まで在任するとされており、前任者の残任期間在任します。

5　兼職禁止

●議員は、法律で一定の職を兼ねることができないとされています。

▼議員が兼職を禁止されている職

　議員は、自治法第92条によりその職務を完全に果たすため兼職が禁止されていますが、兼職を禁止されている職は、次のとおりです。

① 　衆議院議員
② 　参議院議員
③ 　地方公共団体の議会の議員（ただし、一部事務組合、広域連合の議員が当該一部事務組合等を組織する地方公共団体の議員を兼ねる場合を除く。）
④ 　地方公共団体の常勤の職員
⑤ 　地方公務員法に規定する短時間勤務の職を占める職員

　また、他の法令により、次に掲げる職についても兼職が禁止されています。

⑥ 　裁判官
⑦ 　教育委員会の教育長及び委員
⑧ 　都道府県公安委員会の委員
⑨ 　人事委員会及び公平委員会の委員
⑩ 　収用委員会の委員及び予備委員

⑪　固定資産評価審査委員会の委員

⑫　固定資産評価員

⑬　海区漁業調整委員

⑭　その他、他の法律により兼職が禁止されている職（内水面漁場管理委員会委員等）

▼兼職禁止の職に就いた場合の身分の取扱い

　議員が、議員の身分を有している状況で兼職禁止の職に就いた場合、どちらの身分が優先されるかという問題が起こりますが、議員を明示的に辞職しない限り兼職が禁じられた職に議員は就くことができないと考えられています。

　なお、兼職禁止の職に就いている状況で議員になろうとする場合には、公選法の規定により、議員への立候補が制限されたり、職を辞したものとみなされることとなります。

6　兼業禁止

●議員が、所属する普通地方公共団体に対し請負をすること及び請負をする法人の役員等を兼ねることは禁止されています。

▼兼業禁止の態様

　議員が、公正な職務の執行を行うことを確保するために、次のとおり自治法第92条の2に兼業禁止が規定されています。ただし、次の①及び②については、令和4年12月の自治法の一部改正により、一定の範囲内での請負が認められることとなりました。

　議員は、

①　所属する普通地方公共団体に対し請負をする者

②　所属する普通地方公共団体に対し請負をする者の支配人

③　所属する普通地方公共団体に対し主として同一の行為をする
　法人の無限責任社員、取締役、執行役若しくは監査役若しくは
　これらに準ずべき者、支配人及び清算人たることができない。

▼請負の相手

　自治法上、議員が兼業禁止に該当する請負を行うことができない
相手方は、議員が所属する普通地方公共団体です。したがって、議
員が所属しない他の普通地方公共団体と請負をすることは可能で
す。

▼主として同一の行為をする法人

　議員が兼業禁止に該当する請負の1つとして、議員が主として同
一の行為をする法人の役員等である場合があります。ここで、主と
してとは、当該法人の業務の主要な部分が団体若しくはその機関と
の請負によって占められている場合を指します。なお、具体的には
個々の状況によって判断することとなりますが、例えば、最近の決
算書により判断して、団体等に対する請負額が50％以上を占める
ような場合は明らかに兼業禁止に該当するとされています。

▼請負の範囲

　兼業禁止における請負とは、業として行う工事の完成若しくは作
業その他の役務の給付又は物件の納入その他の取引で所属する普通
地方公共団体が対価の支払をすべきものをいいます。なお、これは
令和4年12月の自治法の一部改正により明確化されたものです。

▼兼業禁止の効果

　議員が、兼業禁止規定に該当するときはその職を失うこととなりますが、これに該当するかどうかは議会が決定することとされています。議会によりこれに該当すると決定された場合には、議員は議会における決定のときから議員の職を失います。ただし、兼業禁止に該当し議員の職を失ったとしても当該請負契約には何ら影響は及びません。

7　議員の権利

▼自治法上の権利と標準会議規則上の権利

　議員の主な権利として、自治法によるものと標準会議規則等によるものを挙げることができます。

　自治法による主な権利は、次のとおりです。

① 　臨時会の招集請求権

② 　議案の提出権

③ 　修正動議の発議権

④ 　選挙又は表決に加わる権利

⑤ 　請願の紹介権

⑥ 　懲罰動議の発議権

⑦ 　費用弁償及び議員報酬等の受給権

標準会議規則等による主な権利は、次のとおりです。

① 　動議の提出権

② 　異議の申立の権利

③ 　一般質問の権利

④ 　緊急質問の権利

⑤　質疑の権利

⑥　議事進行発言の権利

⑦　委員会の傍聴権

8　議員の義務

▼議員に課せられた義務

　議員には、前述したように様々な権利がある一方で義務もあります。

　議員の義務の主なものは、次のとおりです。

①　招集に応じ会議に出席する義務

②　常任委員就任の義務

③　規律に服する義務

④　懲罰に服する義務

9　議会の権限

●議会には、議決権、監視権、選挙権、自律権、意見表明権の5つの権限があります。

■議 決 権

　議決権とは、地方公共団体の意思又は機関としての議会の意思を決定するために議会に付与された権限をいいます。

　なお、議会における議決事件は、自治法第96条第1項に制限列挙されています。ただし、自治法第96条第2項に基づき列挙され

た議決事件以外のもので、一部の法定受託事務に係るものを除いた普通地方公共団体に関する事件については、条例で議会の議決すべき事項とすることができます。

▼議決事項

　議会における議決事項で自治法で列挙されているのは、次のとおりです。

❶ 条例の制定・改廃

　普通地方公共団体は、憲法及び自治法で法律の範囲内で条例を制定することが保障されています。これを受けて、条例を制定又は改廃しようとするときは議会の議決が必要であるとされています。

▼条例の提案権

　条例の提案権は、長及び議員（委員会を含む。）の双方に属しています。ただし、条例の性質・内容によっては、その提案権が、長だけに属する場合や議員だけに属する場合がありますので注意が必要です。

　なお、具体的には、長にのみ提案権が専属するとされる主な条例としては、次のとおりです。

　①　市町村の部課設置条例

　②　市町村の支所又は出張所の設置条例

　③　基金設置条例　等

　また、議員（委員会を含む。）にのみ提案権が専属するとされる主な条例は、次のとおりです。

　①　委員会条例

　②　議会事務局設置条例　等

　条例の提案権が誰に属するかを判断する基準の１つとして、条文における主語が長とされているか議会とされているかで見分ける方法があります。しかし、必ずしも主語が明記されているとは限らないため、条文の解釈によって提案権を見分ける必要があります。

▼修正の範囲

　議会が、提案された条例について修正をする場合があります。ここで、議会が条例に対し修正できる具体的な範囲については、法令上特に規定している条文はありません。

　このため、条例については、どのような修正も可能であると考えられなくもありませんが、提案権が長に専属しているものについては、行政実例で示された解釈によれば、次のような制約があるとされています。

　①　議会による修正が長の提案権を侵害しないこと
　②　議会による修正が法令の趣旨に反しないこと

▼議決の効力

　条例は、議会において出席議員の過半数で決したときに決することとなります。ただし、法律で特別多数議決によることを規定している場合は、当該要件を満たしたときに決することとなります。

　また、条例は、議会の議決により法令上直ちに効力が生じるものではなく、公布と施行により効力が生じます。

　公布については、自治法第16条に基づき議長は、条例に対し議会の議決があった日の翌日から起算して３日以内に長に当該条例を送付し、長は、再議その他の措置を講ずる場合を除き送付を受けた日の翌日から起算して20日以内に公布する義務があります。

　また、施行については、特別の定めがあるものを除き公布の日か

ら起算して10日を経過した日から施行されることとなっています。

❷ 予算

　予算とは、市町村における一定期間の収入支出の見積額をいい、議会の議決により決めることとなります。

▼予算の提案権

　予算の提案権は、自治法第112条第1項に基づき長に専属し、議員には提案権がありません。

▼予算の種類

　予算の種類は、次のとおりです。

① 　当初予算
② 　補正予算
③ 　暫定予算

　当初予算とは、一会計年度を通じて歳入歳出が計上された予算をいいます。

　補正予算とは、予算の調製後に生じた事由により、既定の予算に追加などの変更を加える予算をいいます。

　暫定予算とは、当初予算が議決されないような場合に、一会計年度のうちの一定期間に係る予算をいいます。

▼予算の内容

　予算は、次に掲げる7つの事項に関する定めから成っています。

① 　歳入歳出予算
② 　継続費
③ 　繰越明許費

④　債務負担行為

⑤　地方債

⑥　一時借入金

⑦　歳出予算の各項の経費の金額の流用

▼提出期限

　予算は、長が毎会計年度調製することが義務付けられており、その提出時期は、年度開始前指定都市にあっては30日、その他の市及び町村にあっては20日までに議会に提出するようにしなければならないこととなっています。

　また、長は、予算を提出するに当たっては、予算に関する説明書をあわせて提出する必要があります。

▼予算の修正

　予算の修正には、減額修正と増額修正とがあります。

　議会において予算を修正する際に、減額修正について明確な制限はありませんが、増額修正については自治法第97条第2項によりその内容が長の予算の提出権を侵すような場合は修正することができないとされています。

　ここで、長の提出権を侵す場合とは、長が提案した予算の趣旨を損なうような増額修正をいうものと解されており、その判断は、増額修正の内容、行財政運営への影響等を総合的に勘案して個々の事例に即して判断すべきとされています。

▼議決の対象

　議会において、予算の中で議会の議決の対象となるのは、議決科目といわれる款項であって執行科目である目節にまでは及びませ

ん。

▼予算の効力

　予算は、議会の議決により成立します。そして、当初予算は、年度開始前に議会の議決を得る必要があります。

　なお、予算の議決があったときは、議長は、議決があった日の翌日から起算して3日以内に当該予算を長に送付する義務があります。

❸ 決算

　決算とは、一会計年度の歳入歳出予算の執行の実績を示す計算書をいいます。

▼決算の手続

　決算の手続は、次のとおりです。

①　決算は、会計管理者が調製し、会計管理者は出納の閉鎖後3か月以内に決算とその証書類、歳入歳出決算事項別明細書、実質収支に関する調書及び財産に関する調書とあわせて長に提出する。

②　長は、決算等を監査委員の審査に付し、当該決算等に監査委員の意見を付してもらう。

③　長は、決算等（決算及び歳入歳出決算事項別明細書、実質収支調書、財産調書）、監査委員の意見及び当該決算に係る会計年度における主要な施策の成果を説明する書類を、次の通常予算を議する会議までに議会の認定に付さなければならない。

　また、地方公共団体の財政の健全化に関する法律において、長は毎年度、前年度の決算の提出を受けた後、速やかに、健全化判断比

率（公営企業については資金不足比率）及びその算定の基礎となる事項を記載した書類を監査委員の審査に付し、その意見を付けて当該健全化判断比率（公営企業については資金不足比率）を議会に報告し、かつ、公表しなければならないとされています。

▼決算の認定・修正

議会は、長から決算の送付を受けたときは認定するかどうかを審議しますが、いつまでに認定しなければならないという期限は特にありません。また、決算に対しては、議会において修正することはできません。

ここで、決算を認定しなかった場合の効力が問題となりますが、議会が認定しなくても決算の効力に影響はありません。

ただし、平成29年6月の自治法の一部改正により、長は、決算の認定に関する議案が否決された場合において、当該議決を踏まえて必要と認める措置を講じたときは、速やかに、当該措置の内容を議会に報告するとともに、これを公表しなければならないこととされています。

❹ 法律又はこれに基づく政令に規定するものを除くほか、地方税の賦課徴収又は分担金、使用料、加入金若しくは手数料の徴収に関すること

地方税の賦課徴収又は分担金、使用料、加入金若しくは手数料の徴収に関することは、住民の負担に関することであるので、住民の代表機関である議会の議決が必要とされています。

分担金は、数人又は普通地方公共団体の一部に対し利益のある事件に関しその必要な費用に充てるため、当該事件により特に利益を受ける者から受益の限度において徴収するもの、手数料は、特定の

者のためにする役務に対し、その費用を償うため又は報酬として経費の全部又は一部を負担させるために徴収するものをいいます。

　なお、法律又はこれに基づく政令に規定するものを除くほかとは、例えば、地方税の場合には地方税法に規定している徴収方法、税率等については地方税法の規定によるという意味であり、この部分について議会の議決は必要ありません。

❺ その種類及び金額について政令で定める基準に従い条例で定める契約を締結すること

　契約は、予算執行上の行為であるため予算の執行権を有する長がその権限を有しています。しかし、特に重要な契約の締結については、当該団体にとって大きな財政負担となることから議会の議決が必要とされています。

▼議決の対象となる契約

　議会の議決の対象となる契約は、政令で定める基準に従い条例で定める契約が対象となりますが、この基準は、契約の種類については工事又は製造の請負の契約であること、金額については指定都市は3億円以上、指定都市を除く市は1億5千万円以上、町村は5千万円以上という最低基準が定められています。なお、議会の議決の対象となるには、契約における種類と金額の両方が該当したものに限られます。

　なお、これらの契約の種類以外のもの及びこれらの金額を下回るものを条例で規定し、議決の対象とすることはできません。

▼契約議案の提案権

契約議案は、予算執行の一形態なので、提案権は長に専属し、議員にはありません。また、契約議案には、①目的、②方法、③金額、④相手方が記載されている必要があります。

▼修正

議会の議決を要する契約に対し、議会は修正をすることができません。

▼契約の変更

議会の議決を経た契約を変更する場合、長は、条例で定めた契約の金額を下回るものでない限り議会に契約変更議案を提出し、議決を得る必要があります。

❻ 条例で定める場合を除くほか、財産を交換し、出資の目的とし、若しくは支払手段として使用し、又は適正な対価なくしてこれを譲渡し、若しくは貸し付けること

普通地方公共団体の財産について、交換や出資の目的等とすることは原則として禁止されています。これは、これらの行為が無制限に許されるとすれば、総計予算主義の原則に違背する結果になりかねず健全な財政運営が期待できなくなるためです。そのために、議会の議決を要することとされています。ただし、条例で財産の交換等について定める事項については、議会の議決は必要ありません。

▼議決対象となる財産

議決の対象となる財産とは、公有財産、物品、債権、基金を指します。

▼交換、出資の目的、支払手段として使用、適正な対価なくしての譲渡・貸し付け

交換とは、当該団体が相手方と互いに金銭以外の財産を移転することをいいます。

出資の目的とは、株式会社等への出資のほか、一般社団法人又は一般財団法人への財産の拠出などの行為をいいます。

支払手段として使用するとは、当該団体の債務は、予算に計上し金銭で弁済するのが原則ですが、これを財産の処分で弁済することをいいます。

適正な対価なくしての譲渡・貸し付けとは、適正な対価とは時価を、譲渡は譲与と有償譲渡の2つをいいます。

▼提案権・修正権

財産の交換等は、提案権は長に専属し、議員にはありません。また、議会に修正権はありません。

❼ 不動産を信託すること

不動産の信託とは、財産の所有者が財産権の名義や管理権を他人に引き渡し、その財産を一定の目的に従って自己又は第三者のために管理又は処分してもらうことをいいます。

当該団体の不動産を信託する場合、当該団体の財産への影響が大きいため適正な運用を図るうえから議会の議決を必要としています。

▼対象となる不動産

信託できる不動産は、普通財産である土地（その土地の定着物を含む。）と解されています。

▼提案権・修正権

　不動産の信託に関する議案については、提案権は長に専属し、議員にはありません。また、議会は不動産の信託について修正する権限はありません。

❽財産の交換等及び不動産の信託に定めるものを除くほか、その種類及び金額について政令で定める基準に従い条例で定める財産の取得又は処分をすること

　財産の取得又は処分は、当該団体の財政に影響を与えるものであるので、政令で定める基準以上のものについては議会の議決を必要としています。

　政令で定める基準については、種類と金額の２つがあります。

　財産の取得又は処分の種類としては、不動産若しくは動産の買入れ若しくは売払い（土地については、その面積が指定都市にあっては１件１万㎡以上、市町村にあっては１件５千㎡以上のものに係るものに限る。）又は不動産の信託の受益権の買入れ若しくは売払いがあります。

　財産の取得又は処分の金額については、指定都市は４千万円、市は２千万円以上、町村は700万円以上とされています。

　この種類と金額の両方に該当した財産の取得又は処分については、議会の議決を必要とします。

▼提案権・修正権

　財産の取得又は処分に関する議案の提案権は長に専属し、議員にはありません。なお、当該議案については、議会に修正権はありません。

❾ 負担付きの寄附又は贈与を受けること

　地方公共団体が寄附又は贈与を受けることは長の権限に属します
が、その寄附が負担付きの寄附又は贈与である場合、市町村の財政
に影響を及ぼす可能性が大きいため議会の議決を必要としていま
す。

　ここで、負担付きの寄附又は贈与とは、市町村が寄附又は贈与の
契約に伴い法的な義務を負うものをいい、その条件を履行しない場
合には、寄附又は贈与の効果に影響を及ぼすものをいいます。

▼提案権・修正権

　負担付きの寄附又は贈与を受ける議案の提案権は長に専属し、議
員にはありません。なお、当該議案に対し、議会に修正権はありま
せん。

❿ 法律若しくはこれに基づく政令又は条例に特別の定めがある場合を除くほか、権利を放棄すること

　権利の放棄とは、地方公共団体の有する債権や物権などの権利を
対価なく当該団体の積極的な意思表示によって失わせることをいい
ます。

　権利の放棄は、市町村の財政に影響を与えるため議会の議決を必
要としています。なお、法律若しくはこれに基づく政令又は条例に
特別の定めがある場合は議会の議決は必要ありません。

▼提案権・修正権

　権利放棄の議案の提案権は、長及び議員の双方に属していると解
されています。なお、権利の放棄の議案には、①権利の内容、②金
額、③相手方、④放棄の理由等を記載する必要があります。

また、当該議案に対し、議会に修正権があると解されています。

⓫ 条例で定める重要な公の施設につき条例で定める長期かつ独占的な利用をさせること

公の施設とは、住民の福祉を増進する目的をもってその利用に供するための地方公共団体が設ける施設をいい、その設置・管理は条例で定めることとされています。

条例で定める重要な公の施設について、長期かつ独占的な利用をさせる際に議会の議決を必要としているのは、一般住民が利用することが通常であるのにそれを特定の人や団体のために長期・独占的に使用させることは、一般住民の施設の利用が制限されてしまい均衡を欠くとされることによるものです。

▼提案権・修正権

条例で定める重要な公の施設につき条例で定める長期かつ独占的な利用をさせる議案の提案権は長に専属し、議員にはありません。また、当該議案に対し、議会に修正権はありません。

▼議決要件

条例で定める重要な公の施設につき条例で定める長期かつ独占的な利用をさせる場合については、出席議員の過半数の賛成で足ります。

しかし、条例で定める重要な公の施設のうち条例で定める特に重要なものの長期かつ独占的利用の場合は、出席議員の3分の2以上の賛成が必要となります。

⑫ 普通地方公共団体がその当事者である審査請求その他の不服申立て、訴えの提起、和解、あっせん、調停及び仲裁に関すること

地方公共団体が当事者である審査請求その他の不服申立て、訴えの提起、和解、あっせん、調停及び仲裁に関しては、その解決のため当該団体の財政に多大な影響を及ぼすことが考えられるため、どのような手段をとるべきかについて議会の議決が必要とされています。

▼審査請求その他の不服申立て等の意義

審査請求その他の不服申立てとは、行政不服審査法に基づき地方公共団体が審査請求、再審査請求をする場合等をいいます。

訴えの提起とは、地方公共団体が原告として民事訴訟を提起する場合をいいます。この訴えの提起には、原審、控訴審、上告審のいずれも含みますので、それぞれにおいて議会の議決が必要です。ただし、地方公共団体が応訴する場合は、議会の議決を必要としないことに留意が必要です。

和解とは、地方公共団体と対立する当事者が互いに譲歩して争いをやめ法律関係を確定させることをいいます。これには、民事上の和解、訴訟上の和解、訴訟前の和解のすべてを含みます。

あっせん、調停及び仲裁とは、地方公共団体が当事者となる場合のあっせん、調停及び仲裁のことをいいます。

▼提案権・修正権

審査請求その他の不服申立て等の議案の提案権は長に専属し、議員にはありません。また、当該議案に対し、議会に修正権はありません。

⓫ 法律上その義務に属する損害賠償の額を定めること

地方公共団体が、損害賠償責任を負う場合に、損害賠償額の適正及び責任の所在を明確にするために議会の議決を必要としています。

ここで法律上その義務に属するとは、国家賠償法や民法の規定により賠償責任を負う場合を指します。

ただし、例外として損害賠償額が裁判の判決によって確定する場合は、議会の議決は必要ありません。

▼提案権・修正権

損害賠償議案の提案権は長に専属し、議員にはありません。また、当該議案に対し、議会に修正権はありません。

⓮ 普通地方公共団体の区域内の公共的団体等の活動の総合調整に関すること

長は、地方公共団体の区域内の公共的団体等の活動の総合調整を図るため指揮監督できるが、長の行う公共的団体等の活動に対する総合調整の方針等について議会の意思を反映させるため議会の議決を必要としています。

▼公共的団体

公共的団体等とは、農業協同組合や森林組合等の公共的な活動を営むものはすべて含まれ、法人であるか否かは問わないとされています。

▼提案権

普通地方公共団体の区域内の公共的団体等の活動の総合調整に関

する議案の提案権は、長及び議員の双方にあると解されています。

ただし、個々具体的な調整は、長の権限に属します。

⓯ その他法律又はこれに基づく政令（これらに基づく条例を含む。）により議会の権限に属する事項

議会の議決すべき事件については、自治法第96条第1項第1号から第14号までに列挙されていますが、それ以外にも自治法及びこれに基づく政令並びに他の法律等に議会の議決を要する旨の規定がある場合は、すべてこの規定によって議会が議決することとなります。

例としては、監査委員や副市町村長の選任についての同意、指定管理者の指定等が挙げられます。

なお、監査委員は、識見を有する者及び議員のうちから選任することとなっていますが、平成29年6月の自治法の一部改正により、条例で定めれば議員のうちから監査委員を選任しないことができることとされています。

⓰ ❶〜⓯に列挙された事項のほか、普通地方公共団体は、条例で普通地方公共団体に関する事件（法定受託事務に係るものにあっては、国の安全に関することその他の事由により議会の議決すべきものとすることが適当でないものとして政令で定めるものを除く。）につき議会の議決すべきものを定めることができる

議会の議決すべき事件は、自治法第96条第1項に制限列挙されていますが、議会の権能を強化するため、自治法第96条第2項に基づき必要と認められる事件を条例で議決事件として追加することができることとしています。

　ただし、条例で規定する事項は当該団体の事務の範囲に限られ、法令又は事務の性質上執行機関の権限とされている事項は条例で議決事件に追加することができないと解されています。

■監　視　権

　監視権とは、執行機関の行う行政執行について議会が監視する権限をいいます。

　議会は、住民の代表機関であることから、住民に代わって地方公共団体の行政の執行を事前又は事後に監視し、執行機関を牽制する必要があるといえます。

　なお、監視権として挙げられる主なものは、次のとおりです。

①　報告及び書類受理権
②　検査権
③　監査請求権
④　調査権
⑤　承認権
⑥　不信任議決権

■選　挙　権

　選挙権とは、議員の集合的な意思によって、議長などの特定の地位に就くべき者を選んで決定する権限をいいます。

　自治法第97条第1項に基づき議会は法律又はこれに基づく政令によりその権限に属する選挙を行うことが義務付けられており、その主なものは、次のとおりです。

①　議長及び副議長の選挙
②　仮議長の選挙
③　選挙管理委員及び補充員の選挙

▼選挙の手続

　法律又はこれに基づく政令により地方公共団体の議会において行う選挙については、その手続が自治法第118条第１項において公選法を準用する形で、次のとおり規定されています。

①　公選法第46条第１項及び第４項（投票の記載事項及び投函）

②　同法第47条（点字投票）

③　同法第48条（代理投票）

④　同法第68条第１項（無効投票）

⑤　同法第95条（衆議院比例代表選出議員又は参議院比例代表選出議員の選挙以外の選挙における当選人）【普通地方公共団体の議会の議員の選挙に関する部分】

▼指名推選

　議会は、自治法第118条第２項に基づき法律又はこれに基づく政令により地方公共団体の議会において行う選挙について議員中に異議がないときは、指名推選を用いることができます。

　この指名推選を用いる場合は、①指名推選を用いることに異議がないか、②指名者を誰とすべきか、③被指名人を誰とすべきかを議会に諮り、議員全員の同意がある場合に当該被指名人が当選人となります。

■自　律　権

　自律権とは、議会がその内部の組織や運営に関する一定の事項について、他から何らの干渉を受けることなく自律的に決定し、処理する権限をいいます。

　なお、自律権の主なものは、次のとおりです。

①　議会が行った選挙の投票の効力に関する異議に対する決定権

②　議員の資格決定権

③　議長、副議長及び仮議長の選挙

④　議長、副議長及び議員の辞職許可

⑤　委員会の設置及び委員の選任

⑥　議会事務局の設置

⑦　会議規則や委員会条例の制定

⑧　議員に対する懲罰

⑨　議会の自主解散

⑩　議場の秩序保持

■意見表明権

　意見表明権とは、議会が一定の事項について、機関としてその意思や考えを表明する権限をいいます。

　なお、意見表明権の主なものは、次のとおりです。

①　意見書提出権

②　諮問答申権

③　請願受理権

10　検査権

●議会における検査権としては、事務検査と事務監査が挙げられます。

■事務検査

　事務検査とは、自治法第98条第1項に基づき次の2つの検査権による検査を指します。

①　議会が、当該団体の事務に関する書類及び計算書を検閲

②　議会が、長、教育委員会、選挙管理委員会、人事委員会若し
くは公平委員会、公安委員会、労働委員会、農業委員会又は監
査委員その他法律に基づく委員会又は委員の報告を請求

こうした方法により、議会は市の事務の管理、議決の執行や出納
を検査します。

事務検査の対象となる当該団体の事務とは、自治事務と法定受託
事務を指しますが、自治事務にあっては労働委員会及び収用委員会
の権限に属する事務で政令で定めるもの、法定受託事務にあっては
国の安全を害するおそれがあることその他の事由により議会の検査
の対象とすることが適当でないものとして政令で定めるものが除か
れます。

▼行使の要件

事務検査の実施に当たっては、必ずしも具体的な事件の発生があ
ることを要件とするものではありません。議会が必要があると認め
れば、行政全般について検査をすることが可能です。

▼行使の主体

事務検査を行うのは、本会議です。しかし、本会議において権限
を委員会に委任する旨の議決を得れば、委員会においても実施が可
能です。

▼執行機関の対応

議会が行った事務検査に対しては、執行機関は、正当な理由のな
い限り書類等の提出又は報告の請求を拒むことはできません。

■**事務監査**

　事務監査とは、自治法第98条第2項に基づき監査委員に当該団体の事務に関する監査を求めて監査の結果に関する報告を請求することをいいます。

11　懲罰

●**懲罰とは、議員が、自治法及び会議規則並びに委員会条例に反し議会の秩序を乱した場合、議会がその規律と品位を保持するために行いうる措置をいいます。**

▼懲罰の対象

　懲罰の対象となるのは、現在議員として在任している者のみが対象となります。このため、過去に議員であった者や長その他の執行機関の職員を懲罰の対象とすることはできません。

　また、懲罰の対象となるには、現に議員であるというだけでなく当該議員の議会の秩序を乱した言動が、原則として本会議や委員会など正規な議会活動の一環としての言動であることが必要です。そのため、議員が議会外の私的な場で行った言動については、正規な議会活動における言動ではないため懲罰の対象とすることはできないことに注意が必要です。

　なお、懲罰の対象となる主な言動は、次のとおりです。

①　議場の秩序維持や品位の保持に反する言動

②　秘密会の議事を漏洩すること

③　他の議員を侮辱し、侮辱された議員が処分を求める場合

④　議員が、正当な理由なく招集に応じないため又は正当な理由

がなく会議に欠席したため、議長が特に招状を発しても出席しない場合

▼懲罰には4種類ある

懲罰には、自治法第135条第1項に基づき次の4つの種類があります。

① 公開の議場における戒告

② 公開の議場における陳謝

③ 一定期間の出席停止

④ 除名

公開の議場における戒告とは、議決に基づいて公開の議場において議会の秩序を乱し品位を汚したことを理由として当該議員を戒めることです。

公開の議場における陳謝とは、議会の議決により公開の議場において議会の決定した陳謝文を朗読して謝罪することです。

一定期間の出席停止とは、懲罰を課された議員が、本会議や委員会へ議会が議決した一定期間出席することが禁止されることです。

除名とは、議員が議会の品位や秩序を乱したことを理由に議決で当該議員として身分を奪うことです。

▼懲罰の手続

懲罰の手続を行うには、3つの方法があります。

1つ目は、一般的な懲罰動議の提出で、議員の定数の8分の1以上の者の発議が必要となるものです。

2つ目は、侮辱を受けた議員による処分要求であり、この際には侮辱を受けた議員が1人で懲罰動議と同様の効果を持つ処分要求書を提出します。

　3つ目は、議員が正当な理由なく招集に応じないため又は正当な理由がなく会議に欠席したため議長が特に招状を発しても出席しない場合における議長による懲罰動議の提出であり、議長1人で提出することができます。

　ここで、注意を要するのは、懲罰動議は、懲罰の対象となる言動があった日から起算して3日以内に提出しなければ懲罰の動議を提出することができなくなるということです。ただし、この3日以内という短期時効にも例外があり、秘密会における議事の秘密の漏洩に係る事項等については適用がありません。

　次に、提出された懲罰動議の取扱いですが、懲罰動議は、議員の身分に影響を及ぼすものであるため、標準会議規則では委員会の付託を省略することができないことが規定されています。また、懲罰動議が提出されれば懲罰特別委員会が自動的に設置され、そこに付託し審査することが標準委員会条例に規定されています。

　委員会の審査が終了した後は、本会議において懲罰に処するかどうか審議することとなりますが、公開の議場における戒告、公開の議場における陳謝、一定期間の出席停止は、議員定数の半数以上が出席した状況で出席議員の過半数議決により懲罰に処するか否か決定することとなります。これに対し、除名の懲罰に処するには、議員の3分の2以上の者が出席し、その4分の3以上の者の同意が必要となっています。

12　請願と陳情

●請願とは、国民が、国や地方公共団体に対し一定の希望を述べることをいいます。陳情とは、請願の同様の趣旨のもので、形式が

請願以外のものを指し事実上の行為であるといえます。

▼請願を提出できる者

　請願を提出できる者は、日本国民だけでなく外国人でも可能です。また、当該団体の住民である必要もありません。さらに、法人も請願を提出することが可能です。

▼請願と陳情の提出手続

　請願は、必ず書式で提出し、さらに、自治法第124条に基づき当該請願を紹介する議員が必要となります。また、その際には、次の要件が標準会議規則に定められています。

①　邦文を用いること

②　請願の趣旨を記載すること

③　提出年月日を記載すること

④　請願者の住所及び氏名（法人の場合にはその名称及び代表者の氏名）を記載すること

⑤　請願者（法人の場合は代表者）が署名又は記名押印すること

⑥　請願を紹介する議員が請願の表紙に署名又は記名押印をすること

⑦　請願書の提出が平穏になされること

　請願は、その形式、手続が整っていれば受理しなければなりません。その内容が地方公共団体において措置しうるものであるか否かは、請願審査の過程で判断することとなります。

　そして、請願書が提出された場合、議長は、請願書に関する事項を記載した請願文書表を作成し議員に配布します。この請願文書表の配布をもって所管の常任委員会又は議会運営委員会に付託することとなります。ただし、例外として議長が付託する必要がないと判

断したときは委員会に付託しないことができます。また、議長が特に必要があると判断した場合は議会の議決で特別委員会に付託することができます。

　委員会での審査の後、本会議において当該請願に対し過半数議決により採択を行うこととなります。

　これに対し、陳情には、請願のような提出手続に関する規則等はありません。そのため、その手続も各議会において様々な処理を行うことが可能です。ただし、陳情であっても標準会議規則で定めるとおり、その内容が請願に適合するものについては、請願と同様の処理手続が必要となります。

▼採択された請願の取扱い

　請願は、自治法第125条に基づき採択された場合、議会が、長、教育委員会、選挙管理委員会、人事委員会若しくは公平委員会、公安委員会、労働委員会、農業委員会又は監査委員その他法律に基づく委員会又は委員において措置することが適当と判断するものについては、当該執行機関に採択された請願を送付して、当該請願をどのように処理したか又はその結果がどうなったかについて執行機関に対し報告を請求することができます。

13　意見書提出権

●議会は、自治法第99条に基づき当該団体の公益に関する事件について意見書を国会又は関係行政庁に提出することができます。これを、議会の意見書提出権といいます。

▼意見書の内容

　ここで問題となるのは、当該団体の公益に関する事件という範囲です。当該団体の公益に関する事件とは、抽象的であるため基準というものがありません。そのため、各議会において、そのときの状況や社会通念によって具体的に判断する必要があります。

▼意見書提出の相手方

　意見書が提出できる相手は、国会又は関係行政庁です。ここで関係行政庁とは、意見書の内容について権限を有する行政機関を指します。

　なお、意見書の提出先として、当該団体の長に対しては意見書を提出することができないことに注意を要します。

▼意見書提出の手続

　意見書は、機関意思決定議案であるため長には提出権はありません。そして、提出するには、会議規則に定める所定の賛成者とともに連署して提出する必要があります。

　提出された意見書案は、議会において過半数で議決されれば議会の意思として確定します。そして、当該意見書は、議会の代表者である議長によって国会又は関係行政庁に提出されることとなります。

　なお、意見書が提出された国会又は関係行政庁は、意見書を受理する義務はありますが、その意見書に法的に拘束されることはありません。

14 100条調査

●100条調査権とは、自治法第100条に基づき、議会が持っている議決権や監査権を有効・適切に行使するために、当該団体の執行機関だけでなく第三者である選挙人その他の関係人を証人として喚問し、証言を求め、あるいは資料の提出を求めることのできる権限を議会に付与し、さらに調査の実効性をあげるために罰則による強制力を付与することによって真実を究明することを目的として議会に与えられた調査権をいいます。

　このことから、100条調査権は、議会の権限を十分に遂行できるために認められた補助的、付随的な権限であるといえます。

▼100条調査の範囲

　100条調査は、当該普通地方公共団体の事務が調査の範囲となります。その範囲としては、自治事務も法定受託事務も調査の範囲となりますが、次のとおり例外があります。

　自治事務においては、

①　労働組合法の規定による労働争議のあっせん、調停及び仲裁その他労働委員会の権限に属する事務（その組織に関する事務及び庶務を除く。）

②　土地収用法の規定による収用に関する裁決その他収用委員会の権限に属する事務（その組織に関する事務及び庶務を除く。）

については調査の範囲外となります。

　また、法定受託事務においては、当該検査に際して開示をすることにより、

①　国の安全を害するおそれがある事項に関する事務（当該国の

　　　安全を害するおそれがある部分に限る。)

　②　個人の秘密を害することとなる事項に関する事務（当該個人
　　の秘密を害することとなる部分に限る。)

　③　土地収用法の規定による収用に関する裁決その他収用委員会
　　の権限に属する事務

が調査の範囲外です。

▼調査権は特別委員会への委任が多い

　100条調査権は、議会、つまり本会議に認められた調査権です。

　しかし、必ずしも本会議でしか行使できない調査権ではなく、本
会議において調査権を委員会に委任する議決を行えば、委員会にお
いても100条調査権を行使することが可能です。

　なお、実態として100条調査権は、一般的に特別委員会にその権
限が委任され、調査が行われているのがほとんどです。

▼調査の相手方

　100条調査の相手方は、自治法上「選挙人その他の関係人」と「当
該普通地方公共団体の区域内の団体等」とされています。

　なお、「選挙人」とは、「選挙人名簿に記載せられているものの意
ではなく、実質的に選挙権を有している者」であり、具体的には、「日
本国民たる年齢18年以上の者で引き続き3か月以上市町村の区域
内に住所を有する者」を指します。

　また、「その他の関係人」とは、「調査の対象に関係を有するすべ
ての人」を指し、当該団体の住民に限りません。

▼調査権発動のための手続

　100条調査権を行うかどうかの発議権は議員に専属しており、長

にはその権限はありません。

　そのため、発議しようとする議員は、会議規則に定められた所定の賛成者を要して動議又は決議により調査権を発動すべきかどうか議会に諮ることとなります。

　また、本会議で100条調査権を行使するなら特に問題となりませんが、調査権を委員会に委任する場合は、これらの動議又は決議の中に調査権を委員会に委任する旨の文言を加え議決する必要があります。これにより、委員会において100条調査権が行うことが可能となります。

▼調査の方法

　100条調査権を行使する方法として、選挙人その他の関係人（法人も含む。）に対しては、次の方法があります。

①　出頭及び証言

　　議会は、調査のため特に必要があると認めるときは、選挙人その他の関係人の出頭を請求することができます。この出頭要求を求められた者は、議会に出頭する義務があります。また、議会の出頭要求に応じて出頭してきた証人に対し、議会は、調査のために当該証人に対し尋問を行い証言を求めることとなります。

②　記録の提出

　　議会は、100条調査を行うに当たり、特に必要があれば選挙人その他の関係人に対し記録の提出を請求することができます。

　さらに、当該普通地方公共団体の区域内の団体等に対しては、次の方法があります。

①　調査を行うための照会

②　記録の送付の請求

ここで留意を要するのは、選挙人その他の関係人の証言拒否等に対しては罰則規定がありますが、当該普通地方公共団体の区域内の団体等の記録の送付の拒否等に対しては罰則規定がありません。

▼証人が公務員の場合の特例

議会が、100条調査権を行使し、証人を喚問し、証言を述べてもらったり記録の提出を請求すれば、当該請求を受けた者は応じる義務があります。

しかし、証人が公務員である場合は、公務員たる地位において知り得た事実についてその者から職務上の秘密に属するものである旨の申立てがあったときは、当該官公署の承認がなければ議会又は委員会は当該事実に関する証言又は記録の提出を請求することができないという例外があります。

ただし、この場合において、当該官公署が承認を拒むときにはその理由を疎明しなければなりません。また、当該官公署の疎明を議会が理由がないと認めるときは、当該官公署に対し証言又は記録の提出が公の利益を害する旨の声明を要求することができます。

この要求に対し当該官公署が声明の要求を受けた日から20日以内に声明をしないときには、公務員である証人は証言又は記録の提出をする義務が生じます。

▼罰則規定がある

100条調査権には、その調査権の行使に際し、議会の請求に正当な理由がないのに応じない場合等に罰則規定が設けられています。

具体的には、出頭又は記録の提出の請求を受けた選挙人その他の関係人が、正当の理由がないのに議会に出頭せず若しくは記録を提

出しないとき又は証言を拒んだときは、6か月以下の禁錮又は10万円以下の罰金が科せられます。

　また、宣誓した選挙人その他の関係人が虚偽の陳述をしたときは、これを3か月以上5年以下の禁錮に処されることとなります。

　なお、例外として、調査が終了した旨の議決がある前に虚偽の陳述をした旨を証人が自白した場合は、その刑を軽減し又は免除することができます。

▼特別に告発権がある

　議会は、法人格がないため通常は告発する権限を有していません。しかし、100条調査権に関しては、自治法上議会に特別に告発権を付与しています。これにより、議会は告発することが可能となっています。

　なお、告発を行うことができるのはあくまで本会議での議決によってであり、委員会に告発の権限を委任し告発させることはできません。

▼調査経費

　議会は、100条調査を行うに当たっては、あらかじめ予算の定額の範囲内において調査のために要する経費の額を定めておく必要があります。また、経費の額を定めておいてもその額を超えて調査の経費の支出を必要とする場合には、さらに議会の議決を必要とします。

▼調査の結果

　議会又は委員会は、100条による調査を終了するに当たっては、報告書を作成し、その経過と結果をまとめることとなります。なお、調査を行っても十分な結論を得なかった場合は、調査した事実を報

告書に記載することになります。

　委員会における報告書は、①調査が終了し結論を記載する方法、②結論を得られず調査した事実を記載する方法があります。

　本会議では、委員長からの調査報告、報告に対する質疑の後の報告書及び調査終了の主な方法としては、次の方法が考えられます。

① 議会の意思として報告書を議決し、調査を終了する方法

② 本会議で調査終了を議決する方法

③ 前記①又は②により調査を終了した後、決議案等を提出する方法

15　資格決定

●自治法第127条により普通地方公共団体の議会の議員が被選挙権を有しない者であるとき又は兼業禁止の規定に該当するときは、議員としての職を失います。資格決定とは、議員が被選挙権を有するかどうか又は兼業禁止の規定に該当しているのかどうかを議会が審議し、当該議員が議員としての資格を有するかどうか決定することをいいます。

▼資格決定の手続

　資格決定の提案権は議員に専属し、長にはありません。

　この資格決定について該当するかどうか発議する手続は、要求の理由を記載した要求書を証拠書類と一緒に議長に提出することによって開始されます。

　なお、この要求は、議員1人から行うことが可能です。

　資格決定要求書が提出された場合、議員の身分にかかわることで

あるので、標準会議規則では委員会の付託を省略することができないことが規定されています。また、当該要求書が提出されれば資格審査特別委員会が自動的に設置され、そこに付託し審査することが標準委員会条例に規定されています。

　委員会での審査後には、本会議において資格を有するかどうか決定することとなりますが、議員の資格がないことを決定するには出席議員の3分の2以上の賛成を必要とします。

　なお、資格決定の該当議員は、除斥の規定にかかわらず会議に出席して自己の資格に関し弁明することができますが、その決定には加わることはできません。

▼資格決定に不服がある場合の措置

　資格決定に対し不服がある議員は、決定があった日から21日以内に都道府県にあっては総務大臣に、市町村にあっては都道府県知事に審査を申し立てることができます。

　さらに、総務大臣及び都道府県知事の裁決に不服がある議員は、裁決のあった日から21日以内に裁判所に出訴することができることとなっています。

16　不信任議決

●自治法第178条に基づき長と議会において政策等で対立が生じ、均衡と調和を保つことができなくなった場合の解決方法で、当該対立を最終的には選挙による住民の判断に委ねるためのものです。

▼不信任議決の意義

　不信任議決とは、議会と長の間に政策等で対立が生じ、議会と長との均衡と調和が保てなくなった結果当該団体の行財政運営に支障をきたしたとき、議会に長に対する不信任議決により長を失職させる権限を与える一方、長に対してはこれに対抗する手段として議会を解散する権限を与え、議会と長のどちらの判断が正しいかどうかを住民の判断である選挙によって決めることをいいます。

▼不信任議決の手続

　不信任議決は、議会が長を失職させる効果を生じるものであることから、その提案権は議員に専属し、長には提案権はありません。

　議員は、会議規則に定める所定の賛成者を得て不信任議決を発議しますが、長の身分を失わせる議決であるためその議決要件は一般の議案に比べて厳しくなっています。つまり、現に在任する議員総数の3分の2以上の者が出席し、その4分の3以上の者の同意が必要となります。

▼不信任議決が可決された場合の長の判断

　不信任議決が議会で議決された場合、長には次の2つの選択肢があります。

　①　議会の議長から不信任の議決の通知を受けた日から10日以内に議会を解散する

　②　不信任の議決の通知を受けた日から10日以内に議会を解散せず、長の職を失う

　なお、①の場合、議会解散後の一般選挙後初めて招集された議会において再び長に対する不信任議決が提出され、現に在任する議員総数の3分の2以上の者が出席しその過半数以上の者が同意した場

合、長はその通知を受けたときに職を失います。

17　自主解散権

●自主解散権とは、地方公共団体の議会の解散に関する特例法に基づき、議会の不祥事などによって住民の声といえる世論が議会を解散すべきとの動向であると議会が判断すれば、当該議会が自ら解散し選挙をすることによってあらたに住民の意思をきくことができるために認められた権限をいいます。

▼自主解散の手続

　議会が自主解散をしようとする場合、その発案権は議員に専属し、長は提出することができません。

　つまり、所定の賛成者を得て議員が発議することとなります。

　ここで、自主解散の効力を生じさせるためには、現に在任する議員総数の4分の3以上の者が出席し、その5分の4以上の者の同意が必要であるとされています。

▼自主解散の効力

　議会の自主解散の効力は、解散決議案を議会において法律において定める所定数により可決したときから生じます。

18　政務活動費

●議員は、条例で定めれば調査研究その他の活動に資するために必

　要な経費の一部として政務活動費の交付を受けることができます。

▼交付されるには条例の規定が必要

　政務活動費が議員に対し交付されるためには、自治法第100条第14項に基づき各団体において条例を制定する必要があります。この条例には、①政務活動費の交付の対象、②交付額、③交付の方法、④政務活動費を充てることができる経費の範囲を定める必要があります。

▼交付対象

　政務活動費の交付対象としては、①会派、②議員個人、③会派と議員の３つが考えられます。

▼収支報告書は議長に提出

　政務活動費の交付を受けた会派又は議員は、条例の規定に従い当該政務活動費に係る収入及び支出が記載された収支報告書を議長に提出する必要があります。

▼使途の透明性の確保

　政務活動費については、その使途の透明性の確保に努める必要があります。透明性の確保の具体的な措置としては、議会事務局における閲覧やホームページにおける閲覧可能な情報の掲載等が考えられます。

19　議員報酬・費用弁償・期末手当

●議員は、議員報酬、費用弁償を受ける権利を有し、さらに条例で
　定められていれば期末手当を受けることができます。

▼議員報酬

　議員報酬は、議員の職務の対価として支給されます。

▼費用弁償

　費用弁償とは、実費弁償と同様の意味であり、その職務を執行す
るために要した経費をいいます。

　そのため、現実に要した費用をその都度計算し支給することが原
則ですが、事務手続の煩雑を避けるため一定額の費用を計上し定額
で支給することも認められています。

▼期末手当

　期末手当の支給については、条例で定めれば支給することができ
ます。

▼額及び支給方法は条例で規定

　自治法第203条第4項に基づき議員報酬、費用弁償及び期末手当
の額並びにその支給方法は、条例で定めることが義務付けられてい
ます。

20　議員派遣

●議会は、議案の審査又は当該普通地方公共団体の事務に関する調査のためその他議会において必要があると認めるときは、議員を派遣することができます。

▼会議規則に手続を規定

議員派遣を行うに当たっては、自治法第100条第13項に基づき会議規則にその手続を規定する必要があります。

▼本会議の議決が必要

議員派遣を行うに当たっては、本会議において議決する必要があります。この際、①派遣の目的、②場所、③期間、④その他必要な事項を明らかにする必要があります。

なお、議員派遣を行うことが緊急を要する場合、議長権限で議員の派遣を決定することができます。

▼議員派遣の例外

議員を派遣するに当たっては、会議規則に定める議員派遣の手続が必要となります。しかし、次の場合においては、議員派遣の手続を経ることなく行うことができる例外があります。

①　委員派遣
②　議長が議会を代表して各種の外部の会議に出席する場合

第2章 本会議の運営

1　地方議会の招集と会議の種類

●招集権は長にあります。

▼招集告示や付議事件の告示も長が行う

自治法第101条第1項に基づき地方議会を招集する権限（招集権）は、長が持っています。

したがって、地方議会の招集に関する手続である議会の招集や付議する事件の告示は長が行います。

▼会議の種類は、定例会、臨時会、通年会期の3種類

自治法第102条及び第102条の2により議会で開催される会議は、定例会、臨時会、通年会期の3種類とされており、それぞれ審議できる事件や招集手続などに違いがあります。

▼定例会では幅広い審議が可能

定例会とは、付議事件の有無にかかわらず定例的に招集される議会の会議のことをいいます。

定例会は、あらかじめ付議する事件を告示する必要がなく議会の権限に関するすべてのことを審議することが可能です。

▼定例会の招集回数は、おおむね年4回

定例会の招集回数については、各市町村で定める条例に基づいて、毎年4回以内において条例で定める回数これを招集しなければならないことになっていました。

しかし、平成16年の自治法の一部改正により「4回以内」とい

う回数制限がなくなり、現在は、毎年条例で定める回数これを招集しなければならないものとされましたが、多くの議会では定例会の回数を年4回としています。

なお、招集の時期は、通常、長の定める規則に定められており、具体的な招集日は長が行う招集の告示で知ることができます。

また、令和4年12月の自治法の一部改正により、議会招集日について、告示をした後に災害や感染症の流行等のやむを得ない事由により、開会日に会議を開くことが困難であると認めるときは、招集告示をした者が開会日を変更できることとなりました。

▼特定の事件の審議のための臨時会

臨時会とは、定例会と違い、必要がある場合特定の事件に限ってこれを審議するために招集される会議のことをいいます。

臨時会では、あらかじめ告示された事件に限り審議されますが、例外として緊急を要する事件に限りあらかじめ告示されなかった事件であっても直ちに会議に付議することができます。

▼緊急を要する事件の判断

緊急を要する事件とは、直ちに付議しなければその意義が失われてしまうような場合など客観的な緊急性が認められるものをいいます。

また、その判断は、一次的には当該事件の提出者が、二次的には当該事件を審議する議会が行うことになります。緊急を要する事件を臨時会で審議するには、議長発議又は議員からの動議により緊急性の認定と当該事件の日程追加を諮り、議会がこれを認める（議決する）必要があります。

なお、正副議長の選挙、会議規則・委員会条例の改廃など議会の

構成に関する事件については、あらかじめ告示せずに直ちに付議することができますが、これらの事件を臨時会で審議することが事前に判明している場合は、住民への情報提供という点からあらかじめ告示することが適当です。

▼4分の1以上の議員から臨時会を招集請求できる

　臨時会の招集は、長の都合（補正予算の提出など）によるものが多いと思われますが、自治法第101条第3項に基づき議員定数の4分の1以上の者から会議に付すべき事件を示して臨時会の招集を請求することにより臨時会が招集される場合があります。これを、臨時会の招集請求といいます。

　臨時会の招集請求を行うには、付議すべき事件が議員に提案権があること、法的根拠を有する事件であること、具体性のある事件であることが必要です。

　したがって、法律に根拠を有しない議員辞職勧告決議などを審議するために臨時会の招集請求を行うことはできません。

▼議運の議決を経て議長が招集請求を行うこともできる

　これまでは、臨時会の招集請求は議員だけに認められたものでしたが、平成18年の自治法の一部改正により、議会運営委員会の議決を経たうえで議長が長に対し臨時会の招集を請求することが可能となりました。

　また、従来は、招集請求が行われた場合の長の招集義務だけが規定されていましたが、平成18年の自治法の一部改正で、臨時会の招集期限が規定され長は臨時会の招集請求があった日から20日以内に招集しなければならないことになりました。

　さらに、平成24年の自治法の一部改正により、議長等の臨時会

の招集請求に対して長が臨時会を招集しないときは議長が臨時会を招集することができることとなりました。

　定例会、臨時会の招集の告示は、開会の日の前日を第1日として計算し、都道府県及び市については7日目、町村については3日目に当たる日までに行われなければなりませんが、緊急を要する場合はこの限りではありません。

●定例会と臨時会の違い

会議の種類	定例会	臨時会
招集権者	長（知事、市町村長）	長（知事、市町村長）
招集請求	不可能	可能
招集回数	条例に定めた回数	制限なし
告示期限	開会の日前 7日（都道府県、市） 3日（町村） ただし、緊急を要する場合はこの限りでない。	開会の日前 7日（都道府県、市） 3日（町村） ただし、緊急を要する場合はこの限りでない。
審議できる事件	あらかじめ付議された事件に限定されない。	あらかじめ付議された事件。ただし、緊急の場合はこの限りでない。

▼定例会及び臨時会とせず、通年会期とすることができる

　平成24年の自治法の一部改正により、条例で、定例会・臨時会の区分を設けないで通年会期とすることが可能となりました。

　通年会期とは、条例で定める日から翌年の当該日の前日までを会期とするものですが、会期中において、議員の任期が満了したとき、議会が解散したとき又は議員が全てなくなったときはその任期満了の日、その解散の日又はその議員が全てなくなった日をもって会期は終了します。任期満了等により会期が終了した場合には、長は、一般選挙により選出された議員の任期が始まる日から30日以内に

議会を招集する必要があります。この場合は、その招集の日から条例で定める日の前日までを会期とします。

　通年会期とした場合、一般選挙後に長が議会を招集する場合を除き、条例で定める日の到来をもって長が当該日に議会を招集したものとみなされます。

▼定例日を定めることが必要

　通年会期を選択した場合、条例で、定期的に会議を開く日（以下「定例日」という。）を定める必要があります。また、長は、議長に対し、会議に付議すべき事件を示して定例日以外の日において会議を開くことを請求することができます。この場合は、議長は、請求のあった日から都道府県及び市については7日以内、町村については3日以内に会議を開かなければなりません。

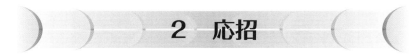

2　応招

●長の招集の告示に応じ議場に参集することをいいます。

▼会期中はいつでも出席できることが必要

　議会の招集が長から告示されると、議員はこれに応じ議事堂又は議場に参集します。このことを、応招といいます。

　応招は、地方議会の議員が招集の告示がされた議会の活動に参加する意思を持って参集することが条件であり、公務出張など正当な理由がある場合を除き、会期中はいつでも会議に出席することができる状態であることが必要です。

　したがって、議員が、会議に出席するという意思を持たずに議事

堂又は議場に参集した場合、例えば、他の議員との打ち合わせのために議事堂へ来た場合や所要のために議場に来た場合などは応招とみなすことはできません。

▼応招は招集日に行うのが原則

応招は、招集日に行うのが原則ですが、何らかの理由で招集日に欠席した場合は2日目以降に応招することが可能です。会議に出席する意思をもって2日目以降の会議当日所定の場所に参集したときは、その時をもって招集に応じたと解されています。

標準会議規則では、応招に関する規定がありますが、その具体的な方法についてまでは触れておりません。したがって、応招の方法については、各議会であらかじめ決めておくことが適当です。

なお、応招とは別に、会議を欠席する場合は、欠席届の提出が必要です（詳細は「委員会の欠席」参照）。

▼各議会で定められた応招の方法に従う

具体的な応招の方法として、例えば、応招通告書の提出、応招通告簿への押印、議会棟入口に設置されている各議員の名札を裏返しにするなどの方法があります。

議会事務局の職員が、議員が議員控室等にいることを確認することをもって応招とみなすことは当該議員の応招の意思が明確に確認されていないことから適当ではありません。

応招の方法を決めておかないと議員が応招したかどうかが曖昧となり、万が一、何らかの事情により議会の定足数を確保することが困難になるため、自治法第113条の出席催告（詳細は「7　定足数とその例外」参照）を行う場合は、出席催告の対象者となる応招議員の特定ができないことになり、出席催告の効力について問題が発

生する可能性があります。

3　会期

● **開会から閉会までの議会の正規の活動期間のことをいいます。**

▼閉会中に行われるのは継続審査事件を有する委員会のみ

　会期とは、議会の会議を行う期間であり、議会の正規の活動期間です。

　したがって、議会は、開会とともにその活動を開始し閉会とともにその活動を停止します。閉会中の正規の議会活動は、閉会中の継続審査事件を有する委員会に限定されます。

　なお、自治法第102条の2に基づく通年会期の場合、その会期は、条例で定める日から翌年の当該日の前日となるため、任期満了等によるときを除き閉会中というものは事実上ありません。

▼開会後速やかに会期が決められる

　会期は、毎会期の始めに議会の議決により決定します。

　また、会期は、議会の活動期間を定めるものであるため、開会後速やかに決定するのが適当です。具体的には、開会後、会議録署名議員の指名が行われた後に会期の決定を行います。

　会期は、通常、議長発議に基づいて議決することが多いのですが、議員からの動議に基づいて議決することも可能です。

　また、会期は、延長することが可能です。会期の延長についても、会期の決定と同様に議長発議又は議員からの動議に基づいて議決することになります。

4　議席

●議場において議員の座る席のことをいいます。

▼一般選挙後の最初の議会で議長が決定する

　議席とは、議場における議員の座る席のことであり、議員は、登壇する場合を除き、発言（議事進行の発言など）や表決（投票表決を除く。）を含め会議中の多くの時間を議席で過ごします。

　議席は、一般選挙後の最初の議会において議長が定めることが標準会議規則第4条で規定されています。

▼議長が決まるまでは臨時議長が仮議席を指定する

　一般選挙後の最初の議会での議席の指定は、議長選挙が行われ議長が就任した後に議長が定めることになります。

　したがって、一般選挙後の最初の議会の開会直後から議長選挙が終了し、議長が就任するまでの間の議席は仮の議席となります。この仮の議席を指定するのは、臨時議長です。

▼事情により議席を変更することも可能

　議席は、一般選挙後の最初の議会で決定しますが、議員の補欠選挙により新たに議員となった者の議席についても議長が定めることになっています。

　また、最初に決定した議席をその後の事情により変更する必要があると議長が認めた場合は、会議に諮って議席の変更を行うことが可能です。

　議席の変更については、標準会議規則では、議長が必要と認めた

場合に行われることが定められていることから、議長発議に基づいて行われます。

5　会議時間

●本会議の会議時間は、会議規則で定められています。

▼会議時間内であれば、いつでも会議を開くことが可能

　各議会の会議規則には、本会議を行う時間が規定されています。これを、会議時間といいます。

　会議時間は、例えば、「午前10時から午後４時まで」のように本会議を開くことができる時間帯が規定されています。

　議長は、会議規則で定められた会議時間帯であればいつでも本会議を開くことが可能です。

　例えば、会議規則で会議時間が「午前10時から午後３時まで」とされている議会において、通常は午前10時から会議を開いていますが準備等の都合により午前11時から本会議を開かざるを得ない場合、議長は、後に述べる会議時間の変更の手続を行うことなく午前11時に本会議を開くことが可能です。

　ただし、この場合、議長は、他の議員や本会議の傍聴者等に対し本会議を開く時間が通常と異なることを通知するなどの対応をすることが必要です。

▼会議時間を超える場合は延長の手続が必要

　このように、本会議の開始時間が会議規則に定めた時間帯であれば会議規則上の会議時間の変更には該当しませんが、本会議の議事

が長引き会議規則に定めた会議時間を超えて本会議が行われる場合、議長は、会議時間の延長を行う必要があります。これを、会議時間の変更といいます。

　会議時間の変更は、議長が必要であると認めた場合に行うことができますが、これに会議規則が定める人数以上の議員が異議を申し出た場合は、討論を用いないで会議に諮って会議時間の変更を決定することになっています（標準会議規則第9条第2項）。

　会議時間の変更は、先に述べたように会議時間の延長が多いと思われますが、標準会議規則では、会議の開始時間を繰り上げることも可能です。

6　休憩・延会・休会

●**会議中の審議状況に応じて、休憩、延会、休会が行われます。**

▼**追加事件の取扱いのため議運で審査する場合には休憩をする**

　休憩とは、会議の途中から何らかの理由により会議を中断することをいいます。

　休憩をする主な事例としては、会議の最中に議事日程の追加を要する事件が提出され、この事件の取扱いについて議会運営委員会を開催する場合や会議中に定足数を欠く状態になった場合などが挙げられます。

　休憩は、自治法第114条第2項に基づく議長発議や標準会議規則第12条第3項の議長宣告などのほか、議員からの動議に基づく議決で休憩とする場合もあります。

　なお、休憩の回数や時間について、標準会議規則では特に制限を

59

設けておりません。

▼定足数に達しない、定足数を欠くに至った場合には延会をする

　延会とは、議事日程に記載した事件の審議が終了せず、日程の一部を他日に延ばして会議を閉じることをいいます。

　延会をする事例としては、日程に記載した事件の審議が終了しない場合、開議時刻後相当の時間を経ても出席議員が定足数に達しない場合（標準会議規則第12条第1項）、会議中に定足数を欠くに至った場合（標準会議規則第12条第3項）を挙げることができます。

　延会の手続は、議長の宣告や議長発議に基づく議決のほか、議員からの動議に基づく議決によるものがあります。

　延会となった議事日程は、法令上の義務ではありませんが、次の本会議の議事日程に記載することが適当です。

▼議長が議事日程を作成しないと自然休会となる

　休会とは、会期中に一定期間会議が開かれない状態のことをいいます。

　休会となる事例としては、

　①　日曜・休日などによるもの

　②　議会の議決によるもの

　③　自然休会によるもの

を挙げることができます。

　②の議会の議決によるものは、休会としたい日よりも前の日（必ずしも前日とは限らない。）に開かれる本会議において、議長発議又は議員からの動議に基づいて休会とする旨を議決することによって休会となります。

　③の自然休会とは、議事日程を作成する権限を有する議長が議事

日程を作成しないことによって休会となるものです。

　休会となる場合、法令上の義務ではありませんが、特に、②と③の場合の休会については、住民等への周知を行うことが適当です。

7　定足数とその例外

■定足数の原則
●議員定数の半数以上の議員が出席することが大原則です。

▼定足数の原則は条例定数に基づく

　自治法第113条に基づき会議を開くには、議員の定数の半数以上の議員が出席することが必要です。これを、定足数といいます。例えば、議員の定数が30人の議会では、議長を含めて15人又はそれより多くの者が出席することが必要です。

　この場合の議員の定数とは、条例で定められている議員数であり、議員の辞職などにより欠員が生じていることによる実際の議員数（現員数）ではありません。

▼会議を開くとき、会議中も定足数が必要

　定足数を満たすことは、議会の開会日のみならず会期中に本会議を開く場合にも必要です。

　また、会議を開くときだけではなく、会議中も常に定足数を満たすことが必要です。

　したがって、会議中に定足数を満たさなくなった場合は、直ちに休憩又は延会をすることが標準会議規則第12条第3項に定められ

ています。

▼除斥の場合、再度招集しても定数に満たない場合は例外

　会議を開いたり会議を継続させるためには、定足数を満たすことが必要ですが、これを満たさなくても会議を開いたり継続させることができる場合があります。

　それは、

①　除斥のために半数に達しないとき

②　同一の事件につき再度招集してもなお半数に達しないとき

③　出席催告しても半数に達しないとき若しくは半数に達してもその後半数に達しなくなったとき

です。

　除斥については、「26　除斥」で説明しますので、ここでは、再度招集と出席催告について説明します。

■再度招集

●最初の招集により応招議員が半数以上でない場合に行います。

▼臨時会の場合にのみ見られるケース

　再度招集とは、最初の招集において応招議員が半数に達せず、出席議員が半数に達しない場合に行われるものです。

　したがって、再度招集に関する定足数の例外は、最初の招集においても再度の招集においてもともに応招議員が半数に達せず、出席議員が半数に達しない場合に適用されます。

　なお、定例会については、特定の付議事件を告示して招集することがないため同一の事件について再度招集することはありません。再度招集に関する定足数の例外は、臨時会の場合にのみ適用されま

す。

■出席催告
●応招議員に対して出席を促すことをいいます。

▼応招していない議員に対しては行う必要がない

　出席催告とは、応招議員が半数以上いるが、会議への出席議員が半数に達しない場合や会議途中で半数に達しなくなった場合に議員に対して会議への出席を促すものです。

　出席催告に関する定足数の例外は、議長が出席催告を行っても出席議員が半数に達しない場合、また、出席催告後に出席議員が半数に達したがその後半数に達しなくなった場合に適用されます。

　出席催告は、応招議員に対して行うものです。この応招議員は、参集の事実があった上で、さらに会議出席の意思と待機状態ないし会議に出席し得る態勢にあることが必要です。応招していない議員に対しては、出席催告を行う必要はありません。

▼出席催告は文書で行うのが適当

　出席催告は、その日その日の会議に関するものと解されることから、翌日の会議についての出席催告を行うことはできません。また、出席催告の効力は、これに基づいて開かれたその日の会議を閉じるまでとされるため、途中で休憩があってもその効力が失われることはありません。

　出席催告の方法については、標準会議規則第13条で文書又は口頭で行うことになっていますが、文書で行うことが適当です。

8　開議請求

●開議請求とは、議員の定数の半数以上の者から議長にその日の会議を開くことを請求することをいいます。

▼議員定数の半数以上の者により開議請求が可能

　議会の会議を開閉する権限は議長にありますが、出席議員が議員定数の半数以上に達している場合においても、議長が開議の宣告を行わなければ議会は現実の活動状態に入れません。議長の会議開閉の権限が濫用されるのを防止するため、自治法第114条第1項では、議員定数の半数以上の者から開議の請求があるときは、議長は必ずその日の会議を開かなければならないことと規定しています。この場合の開議時刻の決定は議長固有の権限ですが、議員が議事堂に参集できる時間的余裕を考慮して決める必要があります。

　なお、議員からの開議請求があっても、議長が開議のために要する時間以上に長時間にわたって開議しないときは、副議長が会議を開くことができます（自治法第106条第1項）。

▼開議請求の対象はその日の会議を開くこと

　議員の請求の対象となるのは、その日の会議の開会です。一旦その日の会議が開かれた後、休憩、会議の中止等があった場合においても請求することができます。また、休会日でも本会議の開議請求はできると解されています。

▼開議請求による会議は議決を経ない限り閉議できない

　会議規則で定められて閉議時刻に至りその日の会議を閉じようと

する場合においても、自治法第114条第2項により、議員の開議請求によって開かれた会議は議決を経ない限り閉議できないこととされています。

9　議長及び副議長

●議会の代表を務めるのは議長です。

▼正副議長の選挙は優先事項

議長は、自治法第103条第1項に基づき議員の中から議長及び副議長を選挙することが義務付けられています。

正副議長の選挙は、議会の構成に関する事項であることから、他の案件に優先して行います。

▼議長は議会の代表者

議長は、自治法第104条に基づき議場の秩序を保持し、議事を整理し、議会事務を統理する権限を有するとともに議会の代表者とされています。これらの権限や地位を具現化したものとして、本会議における発言取消命令や議事日程の作成、議会事務局職員の任免、会議録の調製、参考人への通知などを挙げることができます。

▼議長に事故等がある場合は、副議長がその職務を行う

一方、副議長は、自治法第106条第1項に基づき議長が事故や欠けた際に議長の職務を行うことができます。

したがって、議長の事故などが発生していない場合は、副議長には特別な権限はありません。

▼議長の事故に当たるのは広範である

　議長の事故とは、議長は在職しているが職務をとることができないことであり、病気や他の公務などのほか、本会議中の所用のための退席などわずかな時間の議長席からの離席も含みます。

　議長が欠けたときとは、死亡、辞職、失職等により議員の欠員が生じていることを意味します。

▼仮議長と臨時議長の権限が限定される

　自治法第106条第2項及び第107条では、正副議長のほかに議会の運営を行うものとして仮議長と臨時議長について規定しています。仮議長は正副議長ともに事故がある場合、臨時議長は仮議長の選挙や一般選挙後の初議会における議長選挙の場合など限られた状況のもとで認められています。

　このことから、仮議長と臨時議長は、必要な限度を超えて議長の職務を行使することは消極的に解されています。

　例えば、仮議長による閉会中における議員の辞職許可や一般選挙後の初議会において、議長選挙の前に議案審議を臨時議長のもとで行うことなどがこれに該当します。

　臨時議長の職務を行う者は、自治法の定めにより年長の議員となっていますが、この年長議員とは、在職議員の中の最年長者ではなく、議場に出席している議員の中の最年長者を意味します。

　なお、仮議長については、正副議長の選挙のように本人の就任の承諾が必要ですが、臨時議長に指名された議員は就任の承諾は必要なく、また、臨時議長の就任を拒否することが原則としてできないものと解されています。

●正副議長、仮議長、臨時議長の役割と権限

	対象者	権限を行使できる時期	行使できる権限の範囲
議長	制限なし	議長としての身分を有している限り制限なし	議長として認められる権限全般
副議長	制限なし	議長が事故又は欠けたとき	同上
仮議長	制限なし	正副議長ともに事故のとき	議会の運営に必要な限度内
臨時議長	議場内にいる最年長議員	仮議長選挙や一般選挙後の最初の議会における議長選挙などにおいて議長の職務を行うものがないとき	原則として左記の議長選挙を行うのに必要な限度内

10　議案の種類

▼議案には３種類ある

　議会に提出される議案には、３つの種類があります。

　１つ目は、議会の議決が直ちに当該地方公共団体の意思として成立する「団体意思決定議案」です。主なものとして、条例、予算が挙げられます。

　２つ目は、議会の議決が単に議会（機関）そのものの意思決定にとどまる「機関意思決定議案」です。主なものとして、決議、意見書が挙げられます。

　３つ目は、長の事務執行の前提となる議案です。主なものとして、契約の締結、財産の取得又は処分、人事案件などが挙げられます。

　これらの議案を議員が提出する際の要件は、団体意思決定議案については、自治法第112条第２項により議員の定数の12分の１以上の者の賛成（提出者を含む。）、機関意思決定議案については、標

準会議規則第14条第１項に定める数の者の賛成が求められています。

　なお、長の事務執行の前提となる議案の提案権は、原則として長に専属しています。

▼資格決定と懲罰動議については別に提出要件がある

　大半の議案については、前述の要件を満たせば議会への提出が可能ですが、一部のものについては、提出要件が別に定められているものがあります。議員の資格決定と議員の懲罰に関する動議が、これに該当します。

　議員の資格決定については、標準会議規則第148条では、議員の資格について疑義を持つ議員が必要な書類とともに１人で提出することが可能としています。

　また、議員の懲罰に関する動議については、自治法第135条第２項により議員の定数の８分の１以上の者の発議が求められています。

▼議案提出関係議員は提出者と賛成者に分かれる

　一部のものを除き、議案の提出の際、議案の提出に関係している議員は議案の提出者と賛成者に分類され、議案提出時に議案に添付する書類（議事次第書及び書式例に記載）には、提出者の欄と賛成者の欄が設けられています。

　一般的に、議案の提出者、賛成者は、自分たちが提出した議案が議会で可決するように努力することが求められます。

　もし、議案提出後に当該議案に反対する立場になる場合は、速やかに提出者又は賛成者の取消を行うのが適当です。

　議案提出後に、提出者、賛成者の取消により提出要件を満たさな

くなっても議案に何ら影響を及ぼすことなく、当該議案の審議・審査が可能です。

▼議案は文書で提出しなければならない

　議案は、自治法及び標準会議規則で文書で提出することが求められています。

　このことから、口頭（例えば動議）で提出しても後刻文書で提出する必要があります。

　また、従来は、議会が議案を提出する場合の提出者は議員のみでしたが、平成18年の自治法の一部改正により委員会にも議案の提出権が認められることとなりました。

●議案の種類と提出要件の根拠条文（懲罰など特別なものを除く。）

議案の種類	団体意思決定議案	機関意思決定議案	長の事務執行の前提議案
議案の性質	地方公共団体の意思	単に地方公共団体の一機関（議会）の意思	長の事務執行行為の前提要件
主な議案	条例 予算（議員の提案権なし）	意見書 決議	契約の締結 財産の取得又は処分 人事案件
提出要件等の根拠条文	自治法第112条	会議規則（標準会議規則では第14条）	提案権は、原則として長に専属

＊このほかに、自治法第109条等により委員会に議案提出権が認められている。

11　議事日程

●議長がその日の会議進行の順序を記したものをいいます。

▼議事日程が作成されない場合は会議を開くことができない

　議事日程とは、議長が、議事整理権に基づいて定めるその日の会議の進行に必要な順序を記したものです。

　会議は、議事日程に基づいて運営されるため、議事日程が作成されない場合は会議を開くことができません。これに該当するのは、議事日程が作成されないことによる休会（自然休会）です。

　議事日程の作成者は、先に述べたとおり議長ですが、議長の独自の判断ではなく、議会運営委員会や会派代表者会議など議会内部での意見調整を経て作成されるのが実情です。

▼文書で配布することが原則

　議事日程は、必要な事項を記載しあらかじめ議員に配布することが標準会議規則第20条に定められており、議事日程は文書によることが求められています。

　ただし、同条ただし書によりやむを得ないときは、議長がこれを報告して配布にかえることが可能ですが、多くの議会では、議事日程を印刷してあらかじめ各議員に配布しています。

　議事日程に記載する事項は、標準会議規則に「会議の日時」「会議に付する事件及びその順序等」と定められていますが、「会議に付する事件」に関する具体的な規定はありません。したがって、どのような事件を日程事項にするかは各議会に委ねられているものであり、各議会の先例や慣例により決まっているのが実情です。

▼議事日程に記載された順序で運営されるのが原則

議事日程事項の基準としては、

①　議決の対象となる事件

②　議決の対象にならないものでも会議の審議上重要なもの

が挙げられます。

①の具体的なものとして、条例案、予算案、決議案などが挙げられ、②の具体的なものとして、自治法第180条に基づく専決処分の報告、一般質問、緊急質問、委員会の中間報告、長からの行政報告などが挙げられます。

会議は、議事日程に記載された順序で運営されるのが原則ですが、審議の状況などから議長発議又は議員からの動議に基づく議決により議事日程の順序を変更したり、他の事件を追加することが認められています。

12　基本的な議案等の審議の過程

●本会議、委員会で審議・審査が行われます。

▼提出者の説明後、本会議、委員会で審議・審査される

議会に議案等が提出されると、73頁の図のとおり提出者の説明などの一定の議事手続を経て議決されます。

議案等を審議・審査するには、それを審議・審査する本会議、委員会にこれらがあることが必要です。

議案等が、本会議、委員会のどちらにあるかは、これらに対してどのような議事手続が行われているかで判断することが可能です。

▼委員会への付託が行われた場合本会議から委員会へと移る

　議案等が議会に提出された場合は、議案等が本会議にあることが明らかです。

　それでは、議案等が本会議から委員会にいつ移るかですが、委員会付託の手続が行われたときに本会議から委員会に移ります。

　これ以降、委員会は審査を行うことができます。

　次に、委員会から本会議にいつ移るかですが、委員会の報告書が議長に提出されること、つまり、委員会で表決を行い可否（修正可決も含む。）いずれかが決し、委員会での審査結果を本会議に報告するために作成する委員会報告書が議長に提出されたときに議案が委員会から本会議に移ります。

　したがって、委員会に付託した議案等は、委員会への付託以降委員会で可否いずれかの結論が出て委員会報告書が提出されるまでの間は本会議で審議することは原則としてできません。

▼審査期限が付された議案等の場合

　このように、委員会に付託された議案等は、委員会で可否いずれかの結論が出て委員会報告書が提出されるまで本会議での審議が原則としてできませんが、例外があります。この例外とは、付託した議案等に対し審査期限を付した場合です（標準会議規則第44条）。

　審査期限を付された議案等は、審査期限までに委員会で可否いずれかの結論が出ていなくても審査期限の経過後は本会議での議決に基づき本会議で審議を行うことが可能です。

　基本的な議案等審議の過程を表すと、図のようになります。

●**基本的な議案等の審議の過程（審査期限を付した場合を除く。）**

本　会　議

①提出者の説明　　　　　　⑨委員長報告
②質疑答弁　　　　　　　　⑩質疑答弁
③委員会付託　　　　　　　⑪討　論
　　　　　　　　　　　　　⑫採　決

委員会付託により本会議か
ら委員会へ移る

委員会報告書の提出により
本会議に移る

各常任委員会、議会運営委員会、特別委員会

④提出者の説明　⑤質疑答弁　⑥討　論　⑦採　決　⑧委員会報告書の提出

＊上記の図には、審査期限を付した場合の議案審議については記載していない。

13　議案等の説明

●**本会議で行われる提出者からの説明のことをいいます。**

▼**執行機関から提出された議案等は長が説明する**

　議会に提出される議案等は、最初に本会議で提出者の説明が行われます。

　この説明は、提出者が行うのが原則です。例えば、議案の場合は議案提出者、懲罰動議の場合は懲罰動議提出者です。

　したがって、執行機関から提出された議案等は、通常、執行機関の代表者である長が説明を行います。議員が提出した場合は、提出した議員が説明を行います。

　なお、複数の議員が提出者となっている議案等の説明について、その内容が広範にわたるときなどは複数の提出者が分担して説明を行うことが可能です。

▼動議で説明を省略することができる

　提出者の説明については、議長発議又は議員からの動議に基づく議会の議決で省略することが標準会議規則第37条第3項で認められています。

　なお、請願については、標準会議規則では請願者や請願紹介議員からの説明を行わず直ちに委員会付託等の手続が行われることになっています。

14　説明員

●長や委員長などが議会において提出議案等について説明をします。

▼議長から法に基づいた出席要求ができる

　議会に提出される議案等の多くは、執行機関から提出されるのが現状です。

　したがって、執行機関は、議会に提出する議案等の審議において議会に対して説明する必要が生じる場合があります。

　このほか、執行機関は、提出した議案等だけではなく地方公共団体の事務の執行状況などを議会で説明する必要が生じる場合があります。

　このため、自治法第121条では、法が定める一定の範囲の執行機

関の職員に対し説明のために議会への出席義務を課しています。これら執行機関の職員のことを、一般に説明員と呼んでいます。ただし、説明員の議会への出席義務が生じるのは、議長から出席を求められた場合です。

▼説明員の範囲

　次に、説明員の範囲ですが、当該地方公共団体の長をはじめ教育委員会の教育長、選挙管理委員会の委員長などのほか、その委任又は嘱託を受けた者が対象となります。委任を受けた者とは、直接の部下職員です。また、嘱託を受けた者とは、直接の部下職員以外の職員です。

　このことから、説明員は、当該団体の行政に当たっている職員であることが必要です。

　したがって、地方公共団体が出資している地方公社などの幹部職員等を議会に説明員として呼ぶことはできません。

　説明員の議会への出席に関する手続は、執行機関から議会に対し説明員として議会への出席が可能な職員の名簿などが議会に提出され、これに基づき議会から執行機関に対し出席要求が行われることが考えられます。

　なお、平成18年の自治法の一部改正により長及び委員長等の出席義務に関する規定が「説明」のため議長から出席を求められたときから「議会の審議に必要な説明」のため議長から出席を求められたときに改められました。

　また、平成24年の自治法の一部改正により長等が出席できない正当な理由がある場合に、議長に届け出たときは出席義務が解除されることとなるとともに、通年会期とする議会の議長は、長等に議場への出席を求めるに当たっては、執行機関の事務に支障を及ぼさないよう配慮することとなりました。

15　一般質問と質疑

●執行機関に対し、当該地方公共団体の一般事務について見解を求める一般質問と、議題となっている事件について疑義をただす質疑があります。

▼対象外のものへの質問や質疑はできない

　議会の役割は、議会に提出された議案等を審議し、その可否を判断するだけではありません。議会は、執行機関に対する監視機能を有することから、執行機関が行う当該地方公共団体の一般事務に関する質問を行い執行機関の見解などを求めることができます。これを、一般質問といいます。

　これに対し、議題となっている事件について疑義をただすために行われるのが質疑です。例えば、長から議会に条例案が提出され、これを議会で審議する際に議員が提出者である長に対し条例案の疑義をただすことがこれに該当します。

　このように、一般質問は当該地方公共団体の一般事務について、質疑は議題となっている事件を対象としていることから、議員がこれらに該当しない質問や質疑を行った場合、議長は、当該議員に注意するなどしかるべき対応をとることが適当です。また、議員は、一般質問では疑問点と自己の意見を述べることができますが、質疑では疑問点だけしか述べることができません。

　なお、一般質問は、定例会のみで行うことができ、付議された特定の事件のみを原則として審議する臨時会では行うことができません。したがって、臨時会で質問を行う場合は後に述べる緊急質問で対応することになります。

▼関連質問、関連質疑も最小限度の範囲で可能

　関連質問、関連質疑についても、本会議で行うことができます。ただし、その場合の発言については関連のある最小限度の範囲に限られます。

▼あらかじめ発言通告書を提出する必要がある

　一般質問及び質疑は、標準会議規則ではその回数に制限が設けられていますが、議長の許可を得た場合はこの限りではありません（標準会議規則第56条、第64条）。

　標準会議規則では、回数の部分を空白にしており、具体的な回数については各議会が会議規則に定めることになっています。

　このほかに、一般質問や質疑の回数を制限しない一問一答方式を採用する議会があります。

　なお、一般的には、一般質問、質疑を希望する議員は、正確な答弁を得るために発言の要旨を記載した発言通告書を議長に提出することになっています（詳細は「22　発言と発言通告書」参照）。

　一般質問、質疑の発言通告書を提出する際、議事次第書及び書式例の発言通告書に答弁を求める者を記載する欄がありますが、これは、あくまでも発言を行う議員の要望であり、執行機関はこれに応じる義務はなく、答弁者の決定は最終的に執行機関が行います。

▼一般質問や質疑などの発言時間の制限などが可能

　なお、一般質問や質疑を希望する議員が多数のため、審議に相当の時間を要し他の事件の審議に要する時間等がなくなるなど議会運営に支障などが生じることが予想される場合、議長が必要と認めるときは、議長にあらかじめ発言時間を制限することができる権限が与えられています（標準会議規則第57条第1項）。ただし、議長が

設けた時間の制限については、各議会の会議規則で定めた人数以上の議員から異議があるときは、討論を用いずに会議に諮って決めることになっています（標準会議規則第57条第2項）。

　また、一般質問や質疑が続出して容易に終結しないときは、これを、議会の議決で終結することができます（標準会議規則第60条、第64条）。

●一般質問と質疑の違い

	一般質問	質　疑
対　象	当該地方公共団体の一般事務	議題となっている事件
実施できる会議	定例会のみ	定例会、臨時会ともに可能

16　緊急質問

●緊急を要するときやその他真にやむを得ない場合に行われる質問のことをいいます。

▼緊急性有無の判断は議会が行う

　緊急を要するときやその他真にやむを得ない場合に行われる質問を、緊急質問といいます。

　例えば、定例会において、一般質問が終了した後緊急に執行機関に対し質問を行わなければならない事態が発生した場合などが挙げられますが、いずれも、今質問を行わなければ時期を逸してしまうなど客観的な緊急性があることが必要です。

　緊急性の有無の判断は、最終的には議会が行うことになります。

　緊急質問の具体的な手続は、緊急質問を希望する議員が議長に対

し、緊急質問の申し出を行います。

　これを受けて、議長は、緊急質問を認めるかどうかを会議に諮ります（標準会議規則第63条第1項）。

　緊急質問を行うことを議会が同意した場合に限り、当該議員は緊急質問を行うことができます。

　なお、緊急質問についても、その回数に制限が設けられています。

●一般質問と緊急質問の違い

	一般質問	緊急質問
対　　象	当該地方公共団体の事務全般	当該地方公共団体の事務全般（ただし緊急性が必要）
実施できる会議	定例会のみ	定例会、臨時会ともに可能
そ　の　他	あらかじめ発言通告書を提出すれば、議会の同意を得ずに可能	あらかじめ発言通告書を提出しても議会の同意が必要

17　事件の委員会付託と省略

●議会に提出された事件は、通常、本会議から常任委員会（あるいは特別委員会、議会運営委員会）に付託されますが、省略することもできます。

▼常任委員会と議会運営委員会には議長の権限で付託

　議会に提出された事件は、先に述べた提出者の説明とこれに対する質疑を経て議会に設置されている常任委員会（事件によっては、特別委員会や議会運営委員会）に付託されます。

　委員会付託の手続は、標準会議規則第37条第1項では、常任委員

会と議会運営委員会への付託は議会の議決を経ることなく議長の権限で行われ、特別委員会への付託のみ議会の議決を経て行われます。

▼委員会付託に対して異議申し立てはできない

　常任委員会と議会運営委員会への付託に対し、議員は異議を申し立てることはできません。

　特別委員会への付託に対する異議についても同様ですが、特別委員会への付託は議決によることから、特別委員会への付託を諮る際に反対を表明することでその目的を達成することができます。

▼全議員が賛成者となっている場合などは委員会付託を省略できる

　標準会議規則は、事件の委員会付託は一部のものを除き付託を義務付けていません。つまり、事件の内容などから議会の判断で委員会への付託を省略することが可能です。

　委員会への付託を省略するには、通常、議長発議又は議員からの動議に基づく議会の議決が必要です。

　次に、委員会付託省略の基準ですが、法令上これに関する規定はありません。一般的には委員会付託して慎重な審査を行う必要性が低いもの、例えば、全議員が提出者・賛成者となっている意見書などが考えられますが、各議会の先例や慣例によります。

▼資格決定や懲罰動議については委員会付託が必須

　なお、委員会付託が義務付けられている事件として、標準会議規則には議員の資格決定の要求（標準会議規則第149条）と議員の懲罰に関する動議（標準会議規則第161条）があります。

　これらは、その性質上慎重な審査を求められることから付託が義務付けられています。

　また、平成18年の自治法の一部改正により認められた委員会の議案提出権に基づいて委員会が提出した議案は、委員会付託を行わないとされています。ただし、議長が必要と認めるときは議会の議決により付託することができます。

18　委員長報告、委員会の中間報告

●委員会に付託された事件が委員会から本会議に戻ったとき、最初に行われるのが委員長報告です。

▼委員会の審査結果を委員長が報告する

　委員会に付託され審査された事件は、委員会報告書の提出により本会議に戻ることはすでに説明しましたが、これにより、議長は、本会議の日程に当該事件を記載し議題とすることができます。

　本会議で議題となったときに行われるのが、委員長報告です。委員長報告の内容は、委員会における審査の経過と結果です。委員会において少数意見を留保し、議長に簡明な少数意見報告書を提出した場合は、本会議で委員長報告の後、少数意見の報告を行うこととなります。

▼審査中の事件の報告を行うのは中間報告

　委員会で審査中の事件について本会議で報告を行う場合は、「中間報告」となります。

　中間報告は、議会が委員会に要求し委員会がこれに応じる場合と委員会から積極的に議会に対し中間報告を行うことを要求する場合とがあります（標準会議規則第45条）。

▼中間報告の場合、審査中の事件そのものへの質疑はできない

　中間報告が行われた場合、これに対する質疑は可能ですが、質疑の範囲は中間報告の内容に限定され審査が行われている事件そのものへの質疑はできません。

▼委員長が欠席している場合は副委員長が報告できる

　委員長報告は、事件を付託された委員会の委員長が行うのが原則ですが、委員長が報告を行う日の本会議を欠席した場合などは、副委員長が職務を代行します。

▼委員長報告の際、事件そのものへの質疑はできない

　委員長報告が終わると質疑に入りますが、この質疑はあくまで委員長報告に対する質疑であって、委員会付託前の本会議で行われた質疑のような事件そのものに対する質疑ではありません。

　したがって、事件そのものに対する質疑は、原則として認められません。

　このことから、委員長報告後の質疑の答弁者は、原則として報告を行った委員長となります。

　しかし、例えば、委員会で修正可決した場合、この修正による執行上の影響についてなど限定的ではありますが執行機関への質疑が認められる場合があります。

報告の種類	委員長報告	中間報告
報　告　者	原則として委員長	原則として委員長
対　　象	委員会での審査等が終了したもの	委員会での審査等が終了していないもの
報告内容	審査の経過と結果	審査の途中経過
報告に対する質疑	可　能	可　能

▼報告を省略する場合、報告書の写し等の配布が適当

　委員長報告は、議会の議決によりこれを省略することが可能ですが、この場合、委員長報告の代わりに各議員に報告書の写しを配布するなど委員会審査の経過と結果を議員に周知することが適当です。

19　討論

●議題となっている事件に対して賛成か反対かの意見を述べることをいいます。

▼表決の前提として討論を行います

　討論とは、議題となっている事件に対して賛成か反対かの自己の意見を述べることをいいます。

　この討論を行うことにより、事件について自分の考えと違う議員や表決態度が未定の議員から自分の考えについて同調を得ることが可能となり、事件の可否に大きな影響を与えることができます。

▼討論1回の原則

　討論は、1つの議題に対し1人1回とされています。これを「討論1回の原則」といいます。

　例えば、議題となった事件の討論を行った議員は、自分の考えと違う議員が行った同一議題に対する討論に反論するために再び討論することはできません。

▼議長が討論を行う場合

　議長が討論を行う場合は、議長職を副議長と交代し、一議員として討論を行います。

　この場合、議長は、討論を終えても直ちに議長席に戻ることができません（標準会議規則第54条）。

　議長は、討論を行った事件の表決が終了するまで議席にとどまり事件の表決に参加し、可否いずれかの意思を表明することができます。

▼賛成・反対を交互に行うのが原則

　討論は、これを公平に行うため、賛成と反対を交互に行うことが原則です。

　また、討論は、反対者から行うことが規定されています（標準会議規則第53条）。

　例えば、委員会に付託し委員長報告の内容が原案可決の事件は、原案に反対する内容の討論から行い、委員会に付託し委員長報告が原案否決又は修正可決の事件は、これに反対する討論である原案賛成の討論から行います。

　委員会付託を行わない事件については、修正案がないときは原案反対者から行い、修正案があるときは原案賛成者から行います。

▼委員長報告と質疑が行われた後討論を行う

　討論が行われる時期ですが、委員会に付託された事件に対する討論は、付託された委員会からの報告（委員長報告）とこれに対する質疑が行われた後に行われ、委員会付託が省略された事件に対する討論は、委員会付託省略が議会の議決により認められた後に行われます。

　討論は、議会の議決により終結することが可能ですが、標準会議規則は、討論が続出して容易に終結できないときにこれを議会の議決で終結することができると定めています（標準会議規則第60条第2項、第3項）。

20　議案の修正

●議案の一部を議会の意思で改めることをいいます。

▼提出者が行う「訂正」とは異なる

　議案の修正とは、議会に提出された議案の審議審査の過程でその一部、場合によってはその全部について、議会としてその内容に賛成できない場合に当該部分を議会の意思で改めることをいいます。

　このように、修正とは、提出された議案を審議する側である議会が行うことであり、議案の提出者がその提出後に自ら議案の一部を改める「訂正」とは区別しています。

　なお、修正は、自治法上修正の動議といいますが、これを提出する場合、標準会議規則第17条では、その案をそなえることを求めていることから、通常、修正案と呼ばれていますので、本書でも修正案という名称を用いることとします。

▼団体意思決定議案に対する修正案については自治法に定められている

　条例、予算など団体意思決定議案に対する修正案の提出要件は、自治法第115条の3により議員の定数の12分の1以上の者の発議が求められています。意見書、決議など機関意思決定議案に対する

修正案の提出要件は、標準会議規則第17条に定める数の者の賛成が求められています。

　前述の提出要件は、本会議で修正案を提出する際の規定であり、委員会での審査の最中に委員が修正案を提出する場合は、会議規則などに特段の定めがある場合を除き委員1人での提出が可能です。

▼委員会審査終了後に修正案を提出する

　本会議への修正案の提出時期は、委員会に付託される議案については、委員会の審査で同じ修正案が提出され可決する可能性があることから委員会審査が終了した後に提出することが適当です。

　また、委員会に付託されない議案については、委員会の付託省略の手続が行われるときまでに提出するのが適当です。

▼委員長報告の後、修正案の説明を行う

　本会議に提出された修正案の審議ですが、委員会に付託される議案については、委員長報告の後に修正案の説明が行われます。

　修正案の説明後、委員長報告に対する質疑と修正案に対する質疑を行い、次に、原案と修正案の両方を対象とする討論を経て表決となります。

　表決の順序は、最初に修正案を諮ります。修正案が可決すれば、修正部分を除く原案について諮ります。修正案が否決されれば、原案全体を諮ります。

▼委員会付託省略議案の場合は、省略の議決の後、修正案の説明を行う

　委員会付託が省略される議案については、委員会付託の省略の議決が行われた後修正案の説明を行います。

修正案の説明後、修正案に対する質疑を行い、次に、原案と修正案の両方を対象とする討論を経て表決となります。

表決の順序は、委員会付託される議案と同じです。

21 事件の訂正や撤回

●議会に提出した議案などの事件に誤りがあったとき、これを改めることを訂正といいます。また、何らかの理由により議会に提出した事件を取り下げることを撤回といいます。

▼事件の訂正や撤回

事件の訂正とは、議会に提出した議案などの事件に誤りがあった場合など改める必要が生じたときに、これを撤回せず一定の手続を経ることにより当該部分を改めることをいいます。

また、事件の撤回とは、議会に提出した事件を何らかの理由により取り下げることをいいます。

▼事件の提出者が行う

事件の訂正や撤回の申し出は、当該事件を提出した者が行います。

事件の訂正や撤回の具体的な手続は、当該事件の提出者が、議会（議会の代表者は議長であることから実際は議長）にこれを申し出ることから始まります。

この申し出を受けた議長は、訂正や撤回の対象である事件の審議状況により、議会の承認（議決）が必要かどうかを判断します。

▼審議前の場合は、議長の許可だけで可能

　事件が、議会に提出されただけで本会議での審議が全く行われていない状態であれば、事件の訂正や撤回は議長の許可だけで可能です。

▼本会議で議題となった事件は、議会の承認が必要

　訂正や撤回の対象である事件が、すでに本会議で議題となり提案理由の説明など審議が行われた状態（標準会議規則ではこれを「議題となった事件」としています。）であれば、当該事件の訂正や撤回は、議会の承認（議決）が必要です（標準会議規則第19条第1項）。

　委員会に付託され審査中の事件についても会議規則上は本会議での承認（議決）だけで事件の訂正や撤回が可能ですが、議長は、事件の訂正や撤回の承認について、本会議で審議するのに先立ち、付託されている委員会に対し事件の訂正や撤回の申出があったことを通知しておくことが適当です。

●事件の訂正や撤回に要する手続

事件の状況	訂正や撤回に要する手続
議会（議長）へ提出	議長許可
議事日程に事件が掲載（議題宣告前）	議長許可
本会議で議題となった（議題宣告）以降（委員会審査中も含む。）	議会の承認（議決）

22　発言と発言通告書

●発言する際には、あらかじめ発言通告書を提出することを義務付けています。

▼事前通知は効率的な議会運営のため

　発言には、一般質問や議案に対する質疑、討論のほか、議事進行発言、動議、一身上の弁明など様々なものがこれに該当します。

　標準会議規則第51条第1項では、議員が本会議で発言しようとする場合、議事進行や一身上の弁明などを除きあらかじめ議長に発言通告書を提出することを義務付けています。

　これは、発言通告書を提出することにより発言内容が事前に判明し、一般質問においては同じ事項について質問する議員を連続させることを基準に発言者の順序を決めることができること、賛成者と反対者を交互に行わせることが原則の討論において、その原則どおりに討論者の順序を決めることができることなど効率的な議会運営を可能とするためです。

▼発言通告書の提出期限はあらかじめ決めておく

　標準会議規則では、発言通告書の提出期限に関する具体的な規定はなく「あらかじめ」とだけ規定されています。

　したがって、各議会において、発言通告書の提出期限を議会運営委員会などにおいて決定しておくことが適当です。

　また、通告書に記載する発言の要旨についても具体的なものはありませんが、発言通告書の事前提出を求める趣旨から、通告書を受理した議長が発言の内容をある程度理解できるような要旨を記載す

ることが適当です。

　発言通告書に記載する事項は、議事次第書及び書式例によると、発言の種類（質疑、一般質問、討論など）、発言の要旨や答弁を求める者（質疑、一般質問、緊急質問の通告書の場合）などとなっています。

23　議員の発言取消と発言訂正

●**会期中に限り、議会の許可を得て発言を取り消すことができます。また、発言の趣旨を変えない限り議長の許可で発言を訂正することができます。**

▼取消や訂正は発言した議員が議長に申し出るのが原則

　発言した議員は、会期中に限り議会の許可を得て発言を取り消すことができます。また、発言の趣旨を変えない発言の訂正については、会期中に限り議長の許可を得て発言を訂正することができます（標準会議規則第65条）。

　発言の取消や訂正は、発言した議員が議長に申し出るのが原則です。

　他の議員が発言の取消や訂正を求めても、これによって当該議員の発言が取り消されたり訂正されたりすることにはなりません。

　なお、通年会期とする議会については、発言の取消の可能な期間を会期中とするといつでも発言を取り消すことができることとなり、会議録の作成等に支障が生じるおそれがあります。このため、発言の取消の可能な期間については、発言があった日から起算して何日以内とするなど具体的な期間を定めることが適当です。

▼不穏当発言に対しては発言の取消命令を出すことが可能

　議員の発言が発言取消や訂正に該当するかどうか（いわゆる不穏当発言）は、当該発言が行われた状況などを総合的に勘案して判断します。

　発言が不穏当発言であると発言した議員本人が判断すれば、先に述べたとおり発言取消又は発言訂正の申出を行いますが、これを当該議員が行わない場合、議長は、議場の秩序維持のため発言の取消命令を出すことが自治法第129条で認められています。

▼発言の取消命令に従わない場合、その対象となった議員の発言は会議録に記載されない

　ただし、発言の取消命令は、議長自らが当該議員の発言を取り消すものではありません。あくまで、発言した議員に対し発言の取消を命じるだけです。

　したがって、この命令に議員が従わない場合もありえます。このような場合、標準会議規則第87条には、議長の発言の取消命令の対象となった議員の発言は配布用の会議録に掲載しないことが規定されています。

▼不穏当の判断を直ちに行えない場合、留保宣告を行う

　発言の取消命令は、会議中に議長が不穏当と判断することによって行われるものですが、直ちにその判断をすることが困難である場合、議長は、発言取消の留保宣告を行うことができます。

　具体的には、後刻速記を調査のうえ措置する旨を宣告します。

　その後、速記等を調査し議長が不穏当と判断すれば、該当する部分の議員の発言は配布用の会議録に掲載しないことができます。

　この場合、議長は、改めて本会議で発言の取消命令を出す必要は

ありません。

▼執行機関の職員の発言についても同様

　なお、標準会議規則には長をはじめとする執行機関の職員の発言
の取消や訂正に関する規定はありませんが、執行機関が発言の取消
及び訂正について申出を行った場合は、議員に準じて取り扱うのが
適当です。

24　表決

●議会の最終意思決定のため表決が行われます。

■表決に関する原則と議長の裁決権

▼表決と採決は同義

　議会に提出された議案などの事件は、最終的に議会の意思を確定
させるための手続が行われます。これを、表決といいます。

　同じ行為を採決と呼ぶこともありますが、採決は議長の側からみ
た名称であり、表決は議員の側からみた名称です。

▼可を諮るのが原則

　表決は、原則として事件が現状を変更するために提出されたもの
であることから、事件に対して賛成するかを諮ります。

　これを、「可を諮る原則」又は「賛成者先諮の原則」といいます。

　例えば、委員会に付託した議案について本会議で可否を諮る場合、
委員会審査の結果にかかわらず原案に対して賛成かどうかを諮るこ

とがこれに該当します。ただし、委員会で修正可決した場合は、この限りではありません。

▼出席議員の過半数で可決

自治法第116条に基づき事件の可決は、特別の場合（特別多数議決）を除き、出席議員の過半数の賛成で決します。これを、「過半数の原則」といいます。

出席議員とは、「採決の際に議場にある議員で、当該事件につき表決権を有するもの。」とされています。

▼可否同数の場合議長が決定

過半数議決の場合、議員には賛成又は反対の意思表示する権利である表決権がありますが、議長には表決権がありません。ただし、表決において、賛成と反対が同じ、つまり「可否同数」になった場合、議長には、可決又は否決を決めることができる裁決権が認められています。

可決又は否決のどちらとするかは、議長の判断です。

▼採決における出席議員には議長は含まれない

なお、過半数議決では、出席議員に議長は含まれません。

具体的には、議員定数24名の議会で1名欠席している本会議において、先に述べたとおり議長は出席議員に含まれないため、議長を除く22人の過半数つまり12人又はそれより多い数の賛成で可決します。

しかし、採決の結果、賛成と反対ともに11人である場合、議長は裁決権を行使し、議案の可否を決することができます。

▼特別多数議決の場合は出席議員に議長を含む

特別多数議決では、出席議員に議長を含みます。

議長は、出席議員に含まれることから表決権はあります。

また、特別多数議決の要件は、事件ごとに定められています。

例えば、自治法第176条第1項に基づく条例又は予算に関する再議については、出席議員の3分の2以上の同意が必要とされているほか、地方議会の解散については、地方公共団体の議会の解散に関する特例法第2条第2項により議員数の4分の3以上の者が出席し、その5分の4以上の同意が必要となっています。

●表決に関する原則と議長の裁決権

	過半数議決の場合			特別多数議決の場合		
	出席議員	表決権	議長の裁決権	出席議員	表決権	議長の裁決権
議　長	含まれない	な　い	あ　る	含まれる	あ　る	な　い
議　員	含まれる	あ　る		含まれる	あ　る	

■表決の種類

▼簡易表決、起立表決、投票表決の3種類

標準会議規則における表決の種類は、簡易表決、起立表決、投票表決（標準会議規則第70条、第71条及び第76条）ですが、どの事件にどの表決方法を用いるかは、各議会の先例や慣例等に基づき議長が判断します。

しかし、議員から表決方法について会議規則に基づく要求を行うことにより表決方法を決めることができます。

▼**起立表決が一般的**

　最も一般的な表決方法は、起立表決です。

　起立表決は、議長が賛成者の起立を求め起立者が多いことを議長が認定することにより可決を宣告するものですが、議長の「起立多数」と認定したことに対し異議のある議員は、その旨を申し出ることができます。

　この異議を申し出る議員が会議規則に定める人数を満たしている場合は、会議規則の定めにより記名又は無記名の投票表決で事件の可否を決することになります。

　なお、標準会議規則では、この人数について特に定めていませんが、具体的な人数については、各議会の議員定数などを勘案して各議会でこれを定めることになります。

▼**投票表決には記名と無記名がある**

　投票表決とは、議員が賛成、反対いずれかの票を投じることにより、議会の意思を確定させる方法であり、先に述べたように、投票する議員の氏名を記載して（あらかじめ氏名が記載されている場合もある。）投票する「記名投票」と投票する議員の氏名を記載しないで投票する「無記名投票」の２つの方法があります。

　いずれの方法をとるかは、表決の対象となる議案の内容や各議会の先例や慣例などを勘案して議長が決定します。

　ただし、記名又は無記名いずれかの投票を希望する議員が会議規則に定めた人数で投票要求を行えば、議長はその要求に応じる義務が生じます。

▼**投票表決は起立多数に異議がある場合などに行う**

　投票表決は、先に述べた起立表決における議長の「起立多数」の

認定に対し会議規則が定める人数からの異議が出た場合のほか、起立表決において起立者の多少の認定ができない場合や、事件可決の要件が特別多数議決を求めているなどその性質上賛成者の数を明確にすることが適当と思われる事件の表決に用います。

▼出席議員全員が賛成の見込みの場合は簡易表決できる

簡易表決は、出席議員全員が賛成であることが予想されるような場合に用いられます。

簡易表決は、議長が原案のとおり決することに異議がないかを諮り、異議がなければ議長が「異議がない」ことを認め、これを宣告し事件の可決を宣告することになっています。

この際、原案のとおり決することに異議ある議員は、その旨を申し出ることができます。この異議が出された場合は、起立表決で決することになります。

このほか、議長が「異議がない」ことを認めたことに対しても議員が異議を申し出ることが可能です。ただし、この場合は、異議を申し出る議員が各議会の会議規則に定められた人数以上でなければ起立表決で決することができません。

25　議会の諸原則

議会には、様々な会議原則があります。主なものとしては、「定足数の原則」「議事公開の原則」「過半数の原則」「会期不継続の原則」「一事不再議の原則」などがあります。

ここでは、議事公開の原則、会期不継続の原則、一事不再議の原則について説明します。

■議事公開の原則

●議会の審議は、住民などが自由に傍聴できるのが原則です。

▼本会議はすべて公開、委員会は各議会の判断による

　議事公開の原則とは、議会の審議を住民などが自由に傍聴できることをいいます。

　この原則は、自治法第115条第1項にも規定されています。法が定める議事公開の原則の対象は、本会議であって委員会は含まれていません。したがって、委員会を公開するかどうかの判断は、各議会において行います。

▼秘密会の場合は例外

　議事公開の原則の例外として認められているのが、秘密会です。

　秘密会は、議事公開の原則の例外であることから、その実施には慎重な判断が必要です。

　本会議で秘密会を行うための具体的な手続は、議長又は議員3人以上からの発議により、出席議員の3分の2以上の賛成が必要です（自治法第115条第1項ただし書）。

■会期不継続の原則

●議決に至らなかった事件は、次の会期には継続しません。

▼委員会付託の継続審査だけが例外

　会期不継続の原則は、自治法第119条に規定されており、議会は、会期ごとに独立しているため、会期中に議決に至らなかった事件は、当該会期の終了とともに消滅し後会に継続しないことをいいます。

　会期不継続の原則の例外は、委員会に付託された特定の事件の継

続審査です（詳細は「28　閉会中の継続審査」参照）。

▼通年会期の場合も適用

　通年会期とする議会においても会期自体は存在するため、継続審査の制度は適用されます。このため、会期中に議決しなかった事件について継続審査の手続を経た場合には、次の会期に継続されることとなります。

■一事不再議の原則
●議決済みの事件と同一の事件は、同一会期中は審議しません。

▼撤回された事件を再提出する場合については該当しない

　一事不再議の原則とは、議会が一度議決した事件と同一事件については、同一会期中は審議しないことをいいます。

　一事不再議は、議会の議決した事件に対して適用される考えであることから、議会に提出された事件を撤回し同一内容の事件を同一会期に再度提出しても一事不再議の原則は適用されません。

26　除斥

●議長及び議員とその親族に直接利害関係のある事件の場合、当該議長及び議員は、審議に参加できません。

▼議長及び議員と法が定める範囲の親族が対象

　議会に提出される議案などの事件には、当該議会に所属する議長及び議員本人やその親族に直接の利害関係が生じているものが含ま

れる場合があります。

　このような場合、当該議長及び議員が審議に参与することにより十分な審議ができないなど事件の可否に重大な影響を及ぼす可能性があることから、該当する議員が審議に参加できないことが自治法第117条に規定されています。これを、「除斥」といいます。

　除斥は、議長及び議員又はその父母、祖父母、配偶者、子、孫若しくは兄弟姉妹の一身上に関する事件や議長及び議員又はその父母、祖父母、配偶者、子、孫若しくは兄弟姉妹の者の従事する業務に利害関係のある事件を審議する際に行われます。除斥の人的範囲として、養親子関係は含まれますが議長及び議員の配偶者の父母、祖父母又は兄弟姉妹などは含まれません。

▼除斥対象となる事件

　除斥の対象となる事件は、議員に対する懲罰、議員辞職願のほか議長及び議員の親族が相手となる訴えの提起などの法令上の事件だけではなく議長不信任決議、議員辞職勧告決議など法令上の事件ではない事実上の事件も対象になります。

　このように、議長及び議員とその一定の親族に関する事件は関係する議長及び議員が除斥となりますが、予算や一般的な条例の審議では除斥する必要がありません。

　例として、議員が経営する法人への補助金が計上されている予算案や議員の報酬条例などを挙げることができます。

▼議会の同意があったときは発言のため出席できる

　除斥となった議員は、除斥の対象となった事件の審議に加わることができませんが、議会の同意があったときは、会議に出席し発言することが自治法で認められています。

　この発言は、通常、一身上の弁明などが想定され、発言の終了後は再び除斥となることから除斥となった議員が表決など以後の審議に加わることを認めたものではありません。

▼対象事件が議題となったときに除斥される

　除斥の時期は、対象となる事件が議題となったときからであり、質疑、討論、採決など内容に関する実質的な審議が行われる場合だけでなく、事件の提出者の説明が行われる場合でも該当する議長及び議員は除斥となります。

　具体的には、議長が議題の宣告を行った後除斥に該当する議員の退席を求める旨を宣告し、該当する議員は議場から退席します。

　このほか、除斥の認定の疑義がある場合は、議長発議又は議員からの動議に基づく議会の議決で除斥に該当するか判断することがあります。

27　本会議外部からの意見聴取

●平成24年の自治法の一部改正に伴い、本会議においても公聴会の開催、参考人の招致を行うことが認められました（自治法第115条の2、標準会議規則第1章第9節公聴会、参考人（第78条～第84条）。詳細は「第3章　委員会の運営　11　委員会外部からの意見聴取」参照）。

28　閉会中の継続審査

●会期不継続の原則の例外で、委員会に付託された特定の事件は継続審査できます。

▼閉会中の委員会において審査・調査が可能

　議会に提出され議決に至らなかった事件は、後会に継続せず、会期終了とともに消滅することは、会期不継続の原則のところで述べたとおりです。

　この原則の例外とされているのが、自治法第109条第8項に基づく委員会に付託された特定の事件の継続審査です。

　特定の事件が継続審査事件となることにより、会期終了とともに消滅することなく閉会中の委員会において審査・調査を行うことが可能となります。

▼委員会に付託されているのが条件

　特定の事件を閉会中の継続審査事件とするには、当該事件が委員会に付託されていることが必要です。

　具体的な手続は、事件を審査している委員会で当該事件を継続審査とすることを決定し、継続審査の申出を委員長から議長に行います。

　これを受けて、議長は、当該事件の継続審査について本会議の議題とし、本会議で当該事件を継続審査とするか否かを議決するのが基本的な方法です。

　なお、自治法第102条の2に基づく通年会期でも会期があることから、次の会期も引き続き審査を行う場合は、委員会に付託の上継

続審査の手続が必要です。

▼次の定例会までが継続審査期間

　継続審査の期間ですが、特に定めがなければ次の定例会までとなります。

　したがって、次の定例会でも審査が終了せず引き続き継続審査とする場合は、閉会前までに再度継続審査の手続を行うことが必要です。

　また、次の定例会までの間に臨時会が招集され、臨時会において当該事件が審査された場合は当該臨時会までが継続審査の期間となり、当該事件を更に継続審査したい場合は臨時会の閉会前までに再度継続審査の手続を行う必要があります。

29　本会議の会議録

●本会議における会議の次第、出席議員名など必要事項を記載します。

▼会議録の作成手続

　本会議においては、自治法第123条により議長が議会事務局長等に、①本会議における会議の次第、②出席した議員の氏名など必要な事項を記載した会議録を作成させることを義務付けています。この会議録は、会議の次第をありのままに記録するものであるため、秘密会の議事や議長が発言の取消を命じた部分についてもそのまま記載する必要があります。会議録の記載は、会議の議事の効力を立証するための重要な証拠ともいえるものであるため、会議録の記載

の真正を保証するために議長及び議会において定めた2人以上の議員が署名することとされています。

　これに対し、議員や関係者に配布する会議録については、標準会議規則第87条では秘密会の議事、議長が取消を命じた発言、議員が取り消した発言等を掲載しないこととしています。

▼会議録作成の期限

　会議録の作成の期限については自治法上規定していませんが、会議の都度速やかに作成するよう努める必要があります。

　なお、通年会期とする議会については、会議録の作成は四半期毎や各月毎とするなど会議録の作成時期を会議規則に定めることが適当です。

▼会議録の保存

　会議録の保存については自治法上規定していませんが、議長に作成を義務付けていることから議長が保存に当たるものと解されています。保存年限については、標準会議規則第89条で永年とする旨を規定しています。

第3章 委員会の運営

1　委員会

●委員会とは、本会議の下審査機関のことをいいます。

▼より能率的で効果的な審議が行える

　委員会とは、本会議で全議員によって審議を進めるより、議会の内部に複数の組織を設けてそれぞれの組織における分担を決め、その分担に従って審査をしていくことが議会にとってより能率的・効果的に審議を行うことができる本会議の下審査機関をいいます。

▼通常は議員の一部で構成

　本会議は、議会に属する議員全員で構成されるのに対し、委員会は、通常議会に属する議員の一部で構成されます。

▼委員会には独立性が保障されている

　委員会は、本会議において付託された案件については、本会議からの制約を受けずに審査をすることができます。下審査機関とはいえ、委員会での審査が公正・自由になされなければ本会議における参考にならないからです。

▼委員会の種類は3種類

　自治法第109条に基づき議会に条例で設置することが認められている委員会は、常任委員会、議会運営委員会、特別委員会の3種類となっています。

■**常任委員会**

●常任委員会とは、地方公共団体の事務全体を建設部門や厚生部門などに適宜区分けし、その区分けした部門ごとの事務に対し、自主的に調査をしたり議会から審査を任された条例などの議案や住民から提出された請願などを審査する常設の委員会をいいます。

▼必要に応じ条例で設置

　常任委員会は、議会に必ず設置しなければならないものではなく、必要に応じて条例によって設置することができます。

▼名称、定数、所管は条例で規定

　常任委員会を設置すれば、名称や定数、所管を定める必要があります。これらは、委員会条例で定めることになっています。

▼委員会数には制限はない

　常任委員会の設置数については、自治法上特に制限がありませんので必要に応じていくつでも設置することが可能です。

▼常任委員会への所属は条例で規定

　議員は、条例で議会に常任委員会が設置された場合、一般的に常任委員になることがほとんどですが、この常任委員会への所属については条例で定める必要があります。標準委員会条例第2条第1項では、議員は、少なくとも1つの常任委員となるものと規定しています。

▼所管は執行機関の部課制にならう場合が多い

　各常任委員会の所管については委員会条例で定めることとなりますが、その所管を決める際には、執行機関の部や課ごとに縦割りで決めることが多いようです。

　これは、執行機関の部課ごとに所管を定めたほうが議案の所管委員会への振り分けが楽であること、また、執行機関の出席要求をする場合に委員会を同時に開催しても重なって出席できないということが少なくなることが挙げられます。ただし、縦割り方式以外にも、事務の性質別によりその所管を決める横割りとする方法もあります。

■議会運営委員会
●議会運営委員会とは、定例会・臨時会における会期の調整や本会議の日程事項、質問者の順序の調整など議会の運営を円滑にすることを目的として、議会運営の全般について協議、意見調整を図るために設けられる常設の委員会です。

▼必要に応じ条例で設置

　議会運営委員会も常任委員会と同様に議会に必ず設置しなければならないものではなく、必要に応じ条例によって設置することがで

きます。

▼議会運営委員会の所管は法律で明記

　議会運営委員会の所管は、自治法第109条第3項で定められており、常任委員会のように委員会条例で所管を定めることはできません。

　なお、自治法で定められた議会運営委員会の所管は、①議会の運営に関する事項、②議会の会議規則、委員会に関する条例等に関する事項、③議長の諮問に関する事項です。これらの事項について、調査を行ったりこれらに関する議案や請願等を審査することとなります。

■特別委員会

●特別委員会とは、議会が特に必要があると認めた事件を審査するためにその都度設置される委員会を指し、常任委員会と異なり常設的な委員会ではありません。そのため、案件が消滅すれば特別委員会もその必要性がなくなり消滅します。

▼議会の議決で設置できる

　特別委員会も常任委員会と同様に議会に必ず設置しなければならないものではなく、必要に応じて条例によって設置することができます。しかし、個々の特別委員会ごとに設置条例を制定するのは事務的に煩雑なので、標準委員会条例第6条第1項では、議会の議決によって特別委員会を設置できるよう規定しています。

▼特別委員会が設置される場合

　特別委員会を設置する一般的な基準は、次のとおりです。

① 　2つ以上の常任委員会の所管に属する案件であること
② 　案件が政治的に重要なもので、特定の常任委員会の所管事項から切り離して審査する必要があること
③ 　地方公共団体の行政全般にわたる総合的な施策に関するものであること
④ 　自治法第100条の調査権を行使するためのものであること
などです。

●各委員会の違い

	常任委員会	議会運営委員会	特別委員会
目　的	区分けした自治体の事務を対象に調査、審査を行う。	円滑な議会運営のため、議会運営全般を協議し、意見調整を図る。	議会が特に必要があると認めた事件を審査する。
主な審議事項	担当事務に対する自主的調査（所管事務調査）条例などの議案の審査請願等の審査	会期日数の調整質問者の順序の調整会議規則、委員会条例等に関する調査、審査	2つ以上の常任委員会の所管に属する案件特定の常任委員会の所管事項から切り離して審査する必要があるもの100条調査権を行使するためのもの　等
設置方法	常設	常設	必要に応じ設置
設置根拠	条例で設置	条例で設置	条例で設置
委員会数	制限なし	1つ	制限なし
所属議員	複数の常任委員会に所属可能		
委員の任期	条例で定める期間	条例で定める期間	通常は付託事件を審議、審査している期間
委員の選出方法	条例で定める方法（議長による指名や議会の議決）により選出	条例で定める方法（議長による指名や議会の議決）により選出	条例で定める方法（議長による指名や議会の議決）により選出

▼資格決定と懲罰動議に関しては特別委員会が自動設置

　資格決定と懲罰動議については、標準会議規則上委員会付託を省略することができないこととされています。このため、委員会付託が必要となりますが、付託される委員会の設置に関しては、標準委員会条例第7条第1項では該当する事件、動議が提出されたときは特別委員会が自動的に設置されたものとみなす規定を設けています。ただし、これらの特別委員会は、自動的に設置されただけで資格決定及び懲罰動議が自動的に当該特別委員会へ付託されたとみなすことはできないことに注意が必要です。

　また、特別委員会の委員の定数は、議会の議決で定めるものとされていますが、資格審査及び懲罰特別委員会については、委員会条例上で定数をあらかじめ定めておくこともできます。

2　委員

■常任委員

●常任委員とは、常任委員会の構成員としてその委員会が行う所管部門に属する地方公共団体の事務に関する調査や議案、請願等の審査に当たる委員をいいます。

▼一般的に議員は常任委員会の委員となる

　常任委員会は、必ず設置する必要はありませんが、条例によって設置されたならば一般的に議員は常任委員になります。条例によって、一議員の所属する常任委員会数を1つに制限することも複数にすることもできます。例えば、条例で議員はそれぞれ1つの常任委員となるものと定めた場合、必ず1人1つの常任委員にならなけれ

ばなりません。

　また、議長の中立性を確保する観点から、条例の規定により議長が常任委員に所属しないことや常任委員を辞退することができます。

▼議員は複数の常任委員会に所属可能

　議会において、議員が複数の常任委員会に所属する必要があると判断した場合、委員会条例において、各常任委員会の委員の定数の合計が議員の定数を超えるように定めれば複数の常任委員会に所属することができます。

▼常任委員の選任方法

　常任委員の選任方法については、自治法上条例で定めることとなっており、これにより、委員会条例で議会の議決や議長の指名という方法を定めることとなります。

▼常任委員の任期

　常任委員の任期については、自治法上条例に委任されており、委員会条例で定めた期間在任することとなります。

　ここで、閉会中に当該任期が満了し議長による委員の選任が速やかに行われないような場合、任期満了と同時に常任委員がいなくなってしまいますが、標準委員会条例第3条第1項により後任の委員が選任されるまでの間前任の委員は在任し、委員としての職務を行うことができます。

　委員の任期は、標準委員会条例第5条により委員として選任された日から起算されます。

▼常任委員は他の常任委員会に所属を変更することが可能

　議員が、常任委員に就任した後で委員の他委員会への変更の申出があるときは、本会議の議決や議長の権限などの条例で定める方法により該当する委員の委員会の所属を変更することができます。なお、この所属変更が行われた場合、その任期は、標準委員会条例第8条第4項により前任者の残任期間となります。

▼常任委員の辞任

　常任委員の辞任については、選任の場合と同様に委員会条例に定める必要があります。つまり、議会の議決や議長の許可により常任委員を辞任することとなります。

　議員は、それぞれ1つの常任委員となると委員会条例に規定している場合は、常任委員を辞任することはできません。

■議会運営委員
●議会運営委員とは、議会運営委員会を構成する委員をいいます。

▼議会運営委員の選任方法

　議会運営委員の選任方法については、常任委員と同様に自治法上条例で定めることとなっており、これにより、委員会条例で議会の議決や議長の指名という方法を定めることとなります。

▼議会運営委員の任期

　議会運営委員の任期については、常任委員と同様に委員会条例で定めた任期間中在任します。また、閉会中に当該任期が満了する場合、任期満了と同時に議会運営委員がいなくなってしまいますが、標準委員会条例第4条第3項により後任の委員が選任されるまでの

間前任の委員は在任し、委員としての職務を行うことができます。

　そして、委員の任期も、標準委員会条例第5条により常任委員と同様に委員として選任された日から起算されます。ただし、任期満了前に行われた改選による任期の起算については、前任の委員の任期満了の日の翌日から起算することとなります。

▼議会運営委員の辞任

　議会運営委員は、標準委員会条例第14条では議長の許可により辞任することができます。

■特別委員
●特別委員とは、議会に必要に応じて議決により設置される特別委員会を構成する委員をいいます。

▼特別委員の定数

　特別委員の定数については、標準委員会条例では規定していませんが、最低で3人以上から最高で議員の定数までの間で定めることが可能です。したがって、議員全員で特別委員会を設置することも可能です。

▼特別委員の選任方法

　特別委員は、常任委員、議会運営委員と同様に条例により議会の議決や議長の指名により選任することとされています。

▼特別委員の任期

　特別委員の任期は、常任委員や議会運営委員のように委員会条例で定めた任期間中在任するものではなく、標準委員会条例第6条第

3項では特別委員会に付託された事件が議会において審議されている間在任するとされています。つまり、特別委員会に付議された事件がすべて消滅すれば特別委員の任期は終了します。

▼特別委員の辞任

特別委員は、議会運営委員と同様に標準委員会条例第14条に基づき議長の許可により辞任することが可能です。

■委員長
● 委員長とは、委員会の招集を行い、委員会での議事を整理、秩序の保持を行うことができる権限を持つ者をいいます。

▼対外的な代表権はない

委員長は、議長のように外部の機関に対して対外的代表権を持っていません。つまり、委員長は、議会内部においては委員会の長として代表権がありますが、対外的には委員会を代表する権限はありません。このため、委員会が参考人等の出席を求めるようなときは委員長名ではなく、対外的に代表権のある議長名で行うことになります。

▼必ず1人置かれる

常任委員会及び議会運営委員会並びに特別委員会が設置されたときは、標準委員会条例第9条第1項では、各委員会に1人の委員長を置くことが義務付けられています。

▼互選で選ばれる

委員長を選任するには、標準委員会条例第9条第2項により委員

会において委員同士で互いに選ぶ互選という方法をとります。この互選の方法としては、①投票、②指名推選の2つの方法があります（標準会議規則第126条第1項及び第5項）が、一般的には、指名推選により互選を行っている団体が多いのが現状です。

▼委員会の招集

　委員会の招集は、標準委員会条例第15条第1項により委員長が行います。委員長が事故又は欠員のときは副委員長が委員会を招集することができますが、一般選挙後における初議会のように委員長及び副委員長がともにいない場合は、標準委員会条例第10条第1項では例外として議長に委員会を招集する権限を認めています。

▼委員長の任期

　委員長の任期は、標準委員会条例第9条第3項により当該委員会の委員の任期と同じです。つまり、常任委員会及び議会運営委員会であれば委員会条例により規定されている委員の任期間中在任し、特別委員会であれば当該特別委員会が消滅するまで在任することとなります。

▼委員長の辞任

　委員長は、標準委員会条例第13条により辞任しようとするときは委員会の許可が必要となります。これは、委員長は、委員会の互選により選任されたのですから、辞任する場合は、委員会の許可を必要とするという考えに基づくものです。

■副委員長
●副委員長とは、委員長に病気や海外出張などで議会に出席するこ

とができないとされる事故の場合や、委員長が死亡・辞任などに
より欠員となったときに委員長の職務を委員長に代わって行う者
をいいます。

▼必ず1人置かれる

副委員長についても、委員長と同様に常任委員会及び議会運営委
員会並びに特別委員会を設置されたときは、標準委員会条例第9条
第1項では各委員会に1人の副委員長を置くことを義務付けていま
す。

▼互選で選ばれる

副委員長を選任するには、標準委員会条例第9条第2項により委
員長と同様に委員会において委員同士で互いに選ぶ互選という方法
をとります。

▼副委員長の任期

副委員長の任期も、標準委員会条例第9条第3項により委員長と
同様に当該委員会の委員の任期によります。つまり、常任委員会及
び議会運営委員会であれば、委員会条例に規定されている任期間中
在任し、特別委員会であれば当該特別委員会が消滅するまで在任す
ることとなります。

▼副委員長の辞任

副委員長が辞任しようとするときは、標準委員会条例第13条に
より委員長と同様に委員会の許可が必要です。

▼委員長の持つ権限がすべて及ぶ

　副委員長は、委員長が在任し事故がない状況においては他の委員と何ら変わりはありません。しかし、委員長が欠員になったり事故となった場合には、標準委員会条例第12条第1項により委員長の職務のすべてを行うことができます。

3　委員長及び副委員長の互選方法

● 委員長及び副委員長を互選する場合には、標準会議規則第126条では、単記無記名による投票と指名推選の方法を規定しています。

▼単記無記名による投票

　委員長及び副委員長の互選を投票で行う場合には、単記無記名で行うこととされています。この投票において、有効な投票の中で最も多くの得票を得た者が当選人となります。ただし、得票数が同数であった場合はくじにより当選人を決めることとなります。

　ここで注意を要するのは、有効な投票のうちの4分の1以上の得票がなければ最も多くの得票を得ても委員長・副委員長の当選は確定しません。この場合には、再度互選を行うこととなります。なお、互選の結果、委員長・副委員長の当選が決まった場合、議長選挙における当選人のように承諾は必要なく、当選すれば委員長又は副委員長に就任することに注意が必要です。

▼異議がない場合は指名推選もできる

　正副委員長の互選は、単記無記名による投票を原則としています

が、例外として委員会において委員の誰もが異議を申し立てない場合においては、より簡単な指名推選の方法を用いて互選をすることができます。

　この指名推選の方法を用いた場合は、被指名者を当選人とするかどうかについて委員全員の同意を確認し、当該同意があった場合に当選人とすることとなります。

　なお、単記無記名による投票及び指名推選による互選のどちらも会議規則に定める本会議の選挙規定を準用することとなります。

4　委員会の招集

■委員会の招集
●委員会の招集とは、委員会の会議の日時、場所、事件等を示して委員の出席を求めることをいいます。

　なお、感染症のまん延防止措置の観点等から委員会の開催場所への参集が困難と判断される場合に、一定の要件を満たせば、いわゆるオンラインによる方法を活用した委員会の開催が可能です。

▼委員長が招集
　委員会の招集は、標準委員会条例第15条第1項により委員長が行います。そして、招集するに当たっては、委員長は、あらかじめ議長に招集の日時や場所、事件等を通知することが義務付けられています。これは、議会の一機関である委員会の動きを議長が把握する必要があることによります。

　なお、委員長及び副委員長がともにいないときは、標準委員会条例第10条第1項により議長が、委員会の招集日時及び場所を決め

て委員長の互選を行わせることとなります。

▼告示の必要なし

　委員会の招集に際しては、本会議の招集のように告示の必要はありません。委員に対しては、委員会の開催を通知すれば足ります。

■委員会の招集請求
●委員会の招集請求とは、委員の定数の半数以上の者から審査又は調査すべき事件を示して委員会の招集を請求することをいいます。

▼委員定数の半数以上の者により招集請求が可能

　委員会の招集請求は、委員会の委員の定数の半数以上の者から審査又は調査すべき事件を示して請求する必要があります。

　当該請求があった場合、標準委員会条例第15条第2項により委員長には委員会を速やかに招集する義務が生じます。ただし、招集日時の決定は委員長固有の権限であるため、いつ招集するかは委員長の判断となります。

▼閉会中に招集請求する際の事件は限定される

　招集請求する際の審査又は調査すべき事件は、会期中においては、現に当該委員会で審査又は調査している事件のほか新たに所管事務の調査をしようとするものが対象となります。

　これに対し、閉会中においては、継続審査となっている事件だけに限られます。

▼招集請求の対象は請求した日に限定されない

　委員会の招集請求は、本会議の開議請求と異なりその日の委員会に限定されません。つまり、翌日以降の委員会についても招集請求をすることができます。

5　委員会の会議時間

●委員会の会議時間とは、委員会を開会し散会するまでの時間をいいます。

▼委員会の会議時間の制約はない

　委員会は、本会議と異なり開議時刻、散会時刻が会議規則で定められていません。このため、会議時間の延長などの手続は必要ありません。

6　委員会の公開

●委員会の公開について、標準委員会条例第19条第1項では委員長が決定する制限公開制を採用しています。

▼委員会の公開は制限公開

　委員会は、本会議と異なり自治法上その議事を公開する義務はありません。

　つまり、公開するかどうかについては、委員会条例に任されています。

　これは、委員会は本会議と異なり、場所的にも傍聴を許可するスペースが狭いことや内容的に自由に質疑をしたり意見を述べたりというように案件の核心に触れる部分が多く、住民の傍聴の下では審査が遠慮がちになるおそれがあることなどが挙げられます。

▼報道機関への公開

　報道機関も、一般の傍聴人と同様に各議会の判断により傍聴を認めるかどうか決定します。

　ただし、報道機関は、その社会的役割などに鑑み、基本的には傍聴を許可する運営がなされています。

▼委員以外の議員への公開は制限なし

　委員以外の議員については、標準委員会条例第19条第1項においては何の制限もなく公開することとなっています。

　これは、議員は、議会の構成員であり委員会で審査された案件はいずれ本会議で審議することとなるところから、これらの者に対して委員会を非公開とする必要性がないことによるものです。

7　委員会における会議運営

■委員会の定足数

●委員会が活動するために最小限必要な出席委員数のことをいいます。

▼定数の半数以上の出席が必要

　委員会を開くためには、標準委員会条例第16条により原則とし

て委員の定数の半数以上の委員が出席する必要があります。ただし、例外として除斥委員がいるために定足数に満たない場合については、委員会の審査を続けることができます。

▼定足数に達しない場合は散会宣告できる

委員会の開会時刻後相当の時間が過ぎても出席する委員が定足数に達しない場合、委員長は、委員会を散会することを宣告することができます。

▼委員の退席を認めず、さらに委員会室外の委員に出席を要請することが可能

委員会を開催したが、その会議中に定足数を欠いてしまうおそれがあると委員長が考えた場合、委員長は、退席を申し出た委員の退席を認めないことができます。

また、会議室外に委員がいる場合、委員会に出席するよう促すことができます。

なお、このような措置をとっても委員会の会議中に定足数を欠いた場合は、委員長は、会議を維持することができなくなるので休憩又は散会を宣告することとなります。

▼除斥の場合は半数未満でも審査の継続が可能

委員会は、先に述べたとおり、委員の定数の半数以上が出席しなければ委員会を開き継続していくことができません。しかし、例外として委員長及び委員の除斥のために委員会の定足数を欠くことがあっても、委員会の審査を継続していくことができます。

ただし、その場合であっても委員長のほか、最低2人の委員が出席していなければ委員会は成立しませんので、委員長を含めた出席

委員が３人に満たなければ委員会の審査を継続していくことはできません。

■委員会の日程

●付託案件等を掲載した事実上の日程である審査日程が使われます。

▼法令上委員会には日程の概念がない

委員会には、本会議のようにその日の議事の順序を掲載した日程という概念はありません。

▼審査日程の配布は義務付けられていない

先に述べたように、委員会には議事日程という概念がなく、さらに標準会議規則上も委員会において議事日程を配布することが義務付けられていません。しかし、実務上それに代わるものとして委員会に付託された案件の名称を掲載した一覧表を用い審査に役立てています。これが、審査日程と呼ばれるものです。

この審査日程は、法的なものではなく事実上のもので、委員会の運営を円滑に進めるために考えられたものです。

■委員会会議録署名委員

●本会議においては、自治法上会議録を作成するとともに議長のほか議会で定めた２人以上の議員が署名することが義務付けられていますが、委員会においては、特段の定めがないため会議録の作成及びその署名は各議会の先例によります（詳細は「19　委員会の会議録」参照）。

■委員会における議案の審査の入り方
●通常は、１件ずつ委員長が議題宣告し審査に入ります。

▼１つずつの案件を議題宣告していく

　委員会に付託された案件の審査に入るためには、標準会議規則第95条により委員長が、当該案件を議題とすることを宣告してから審査に入ります。

　これは、委員会において、これから何について審査するかを明確にするために行われるものです。

　なお、委員会においても本会議と同様に原則として案件を１件ずつ議題とします。

▼一括議題とすることも可能

　委員会においても本会議と同様に１件ずつ審査していくのが原則ですが、委員長が、複数の議案を同時に審査していく方が議事能率の観点等から望ましいと考えた場合、標準会議規則第96条により例外として２件以上の案件を一括して議題とすることができます。これを、一括議題といいます。

　委員長が一括して議題とすることに対し、委員会に出席している委員から当該一括議題とすることに対して異議を述べることは可能です。この異議がある場合、委員長は、討論を用いないで委員会に諮り１件ずつ議題とすべきか、それとも委員長のとおり一括して議題とすべきか決めることとなります。

　なお、当該異議は、会議規則等に特に定めがなければ委員１人で述べることができます。

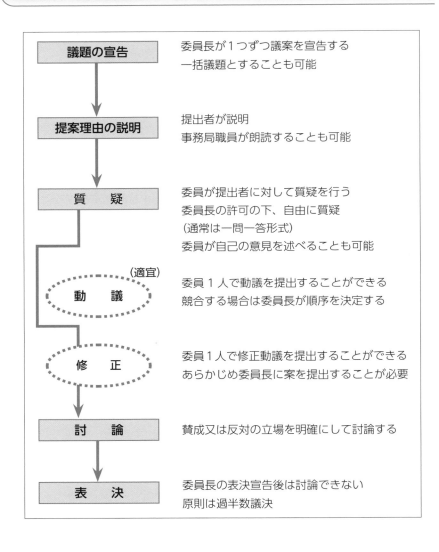

議題の宣告	委員長が1つずつ議案を宣告する 一括議題とすることも可能
提案理由の説明	提出者が説明 事務局職員が朗読することも可能
質疑	委員が提出者に対して質疑を行う 委員長の許可の下、自由に質疑 （通常は一問一答形式） 委員が自己の意見を述べることも可能
動議（適宜）	委員1人で動議を提出することができる 競合する場合は委員長が順序を決定する
修正	委員1人で修正動議を提出することができる あらかじめ委員長に案を提出することが必要
討論	賛成又は反対の立場を明確にして討論する
表決	委員長の表決宣告後は討論できない 原則は過半数議決

■委員会における出席説明の要求

●委員会における審査又は調査のため、執行機関の出席を要求しその説明を求めることができます。

▼出席要求の手続の際は議長を経る

　委員会は、標準委員会条例第21条により審査又は調査のために長や教育委員会の教育長、選挙管理委員会の委員長、公平委員会の委員長、農業委員会の会長及び監査委員その他法律に基づく委員会の代表者又は委員並びにその委任又は嘱託を受けた者に対し、説明のため出席を求めることができます。しかし、その出席要求の手続は、委員長は対外的には委員会を代表する権限を有していないため、議長を経て要求することとなります。

▼執行機関の出席説明は義務ではない

　委員会は、標準委員会条例上執行機関の出席説明を要求できますが、本会議と異なり執行機関に出席の義務がないことに注意を要します。

■提案理由の説明

●委員長による議題の宣告後に案件の提案理由の説明を行います。

▼議案等を事務局職員に朗読させることもできる

　委員長が、議案等を議題宣告した後は、その議案等を提案した提出者に提案理由とその内容について説明させることとなります。

　その際、委員長が必要があると認めるときは、標準会議規則第97条により議案等の事件を議会事務局職員に朗読させることができます。

■議案等に対する質疑

● 提案理由説明後、委員は議案等の提出者に対して質疑をすることができます。

▼委員長の許可のもと、一問一答で自由に質疑可能

　質疑は、委員長の許可のもと自由に行うことができます。本会議では、一括して質疑し一括して答弁する形態をとる例がありますが、委員会は、本会議と異なり一問ごとに質疑と答弁を繰り返すこととなります。

▼自己の意見も述べられる

　委員会においては、標準会議規則第115条により議案等の疑義をただすための質疑のほかに、本会議と異なり委員が自分の意見を述べることができます。これが、委員会における発言の特徴です。

　ただし、質疑も意見もあくまで議題となった事件の範囲内ですべきものです。また、その内容も住民にわかりやすいように簡単にすべきものです。これに反すると委員長が判断したときは、当該発言に対し発言を中止するよう注意し、それでも中止しない場合は発言を禁止したり、退場を命じることができます。

▼関連質疑も可能

　委員会審査における関連質疑については、法令上特に規定されておりませんが、関連質疑をすることは可能です。ただし、その際には、委員長の許可が必要です。

▼図表等を活用することも可能

　委員会における質疑において、その質疑の実効性を上げるために

図表等を用いることも可能です。ただし、その際には、委員長の許可が必要です。

▼委員長も委員席で発言可能

委員長は、委員会の議事を整理し中立公平を旨とすることから、一般的には自らの意見や個人的な質疑を行うべきではないとする考えがあります。しかし、委員長といえども一委員としての立場も有しているので、委員長が委員長の立場を離れて一委員として発言することは可能です。

委員長が一委員として発言を行うに当たっては、その発言の間は委員長席を離れ、委員席に着席し発言をすることとなります。これは、中立公平を旨とする委員長の立場でなく一委員としての立場から発言することに起因するものです。

なお、発言が終了すれば委員長職を行うため委員長席に戻ることとなります。ただし、討論については、この限りではありません。

▼質疑の時間制限をすることは可能

委員会においても、標準会議規則第119条により本会議同様に質疑の時間制限をすることが可能です。これは、委員長が必要があると認めた場合にあらかじめ時間制限をすることを宣告して運用することとなります。なお、時間制限に対しては、特に会議規則等に定めがなければ委員1人から異議を提出することができます。異議があった場合は、委員長は、討論を用いないで委員会に諮って決めることとなります。

▼質疑終結をすることは可能

委員会においても、本会議と同様に議題となっている案件の疑義

が解明したにもかかわらず質疑が続出して容易に終結しないとき、委員は標準会議規則第122条第2項により質疑終結の動議を提出することができます。そして、この動議が可決されれば、同条第3項により当該案件に対する質疑は終結することとなります。

■委員会における動議

●委員会では、特に会議規則等に定めがなければ委員1人で動議を提出することができます。

▼動議が競合する場合は委員長が順序を決定

　委員会では、特に会議規則等に定めがなければ委員1人で動議を提出することができ、その取扱いは、本会議における動議と同様です。

　ところが、委員長の不信任動議など他の案件に先立って表決を行わなければいけない動議と他の動議が競合することがあります。このような場合には、標準会議規則第99条により委員長がこれらの動議の順序を決めることができます。

　ただし、委員長が決した動議の順序に対しては、出席している委員から異議を申し出ることができます。この異議があるときは、委員長は、討論を用いないで委員会に諮って当該動議の順序を決めることとなります。

　なお、この異議は、特に会議規則等に定めがなければ委員1人で提出することができます。

▼動議の撤回は委員会の許可

　委員会においても、本会議と同様に動議の撤回が可能です。撤回するには、標準会議規則第100条により、動議を提出した委員の申

出により動議が議題となる前であれば委員長の許可、動議が議題となった後であれば委員会の承認により撤回することができます。

■委員会における修正
●委員会における修正の動議は、委員1人で提出することができます。

▼修正動議の提出手続
　委員会において、議題となった議案等の説明が終了し、それに対する質疑を通じてその議案等に手を加えるべきであると委員が考えたとき、委員は、修正の動議を提出することができます。

　この修正の動議は、標準会議規則第101条では委員1人で提出することが認められています。

▼あらかじめ修正案を委員長に提出
　修正の動議を提出するに当たっては、本会議同様に提出者である委員は、委員長にあらかじめ修正案を提出する義務があります。

▼修正案の提出時期は討論終結まで
　委員会において法的に修正案を提出することができる期限は、討論終結前までです。しかし、実務上討論と表決は連続しているため、修正の動議を提出するのは討論開始前までに委員長に提出することが適当です。

▼修正案の提案理由及び内容を説明
　修正案が提出されると、提出者である委員は、修正案の提案理由及びその内容について説明することとなります。

　そして、修正案の説明について疑義がある場合、他の委員は、修正案に対し質疑し疑義をただすことが認められています。

■委員会での討論

●委員会での討論は、本会議と同様に賛成者、反対者が交互に行います。

▼賛成又は反対の立場を明確にして、討論を行う

　委員会での討論は、本会議と同様に採決に至るまでに議題となっている事件に対し、賛成又は反対の立場を明確にしその意見を述べることとなります。

　なお、基本的な討論の方法は、最初に議題となっている事件と反対の意見を持つ委員から行い、次に、議題となっている事件の賛成者を行うというように賛成者と反対者が交互に行うこととなります。

▼委員長が討論を行った場合

　委員長は、委員会の議事をつかさどっているため一般的には討論を行いませんが、標準会議規則第118条により一委員としての立場も有しているため討論を行うことは可能です。その場合、委員長は、議題となった事件の採決が終わるまで委員長席に戻ることはできません。

　討論を行うということは、その議案に対し可否を表明することと同様であり、委員長としての中立性を欠くため、その議事が終了するまで委員長の職務をとるのは適当でないとの考えによるものです。

▼委員会でも討論終結は可能

　委員会においても討論が続出して容易に終結しないとき、委員は標準会議規則第122条第2項により討論終結の動議を提出することができます。そして、この動議が可決されれば、同条第3項により当該案件に対する討論は終結することとなります。

■委員会での表決

●委員会での表決は、本会議と同様に過半数議決です。この過半数議決における採決には、委員長が加わることはできません。

▼表決方法は本会議と同様

　標準会議規則における表決の種類は、本会議と同様に簡易表決、起立表決、投票表決ですが、どの事件にどの表決を用いるかは委員長が判断します。

　なお、各議会の判断で起立表決に代わり挙手表決を用いることも可能です。ただし、この場合は、挙手表決を用いる旨を会議規則で規定しておく必要があります。

▼委員長の表決宣告後は発言できない

　委員会での表決も、本会議における表決と同様に議題となった事件に対し賛成か反対かを表明することとなります。

　ここで注意を要することとして、標準会議規則第123条により委員長が表決の宣告をした後は、原則として委員は発言をすることはできません。ただし、例外として表決の方法については発言することが認められています。

▼委員長には裁決権がある

　委員会の議事において、過半数議決による採決をした結果可否同数になった場合には、標準委員会条例第17条第1項により本会議における議長と同様に委員長に裁決権が認められています。この裁決権を行使し、可否いずれかに決するかは、委員長の判断に委ねられています。

■除　　斥

●本会議と同様に委員会審査の公平を確保するため除斥の規定があります。

▼一定の者に直接の利害関係のある事件の審査には参与できない

　委員会においても、本会議における除斥と同様の理由から、標準委員会条例第18条により委員長及び委員は、自己若しくは父母、祖父母、配偶者、子、孫若しくは兄弟姉妹の一身上に関する事件又は自己若しくはこれらの者の従事する業務に直接の利害関係のある事件については、その議事に参与することはできません。

▼除斥委員も委員会が同意なら発言可能

　除斥該当委員は、当該除斥とされている案件の審査が終了するまで当該議事に参与することができません。しかし、例外として委員会の同意があった場合は、除斥に該当する委員も委員会に出席して発言することができます。

▼除斥となるのは案件が議題宣告されてから

　委員が除斥となるのは、あくまで当該案件が議題となってからです。そのため、議題宣告がなされる前から除斥の規定を適用し委員

会室への入室を拒むことはできません。

■委員会の欠席
●欠席は、委員長に届け出ます。

▼理由を付して開会までに委員長に届け出る必要がある

　委員は、委員会の構成員であるため委員会に出席し、議事に参加することは委員としての当然の義務です。

　しかし、委員といえども病気や葬祭などのやむを得ない事情により委員会を欠席せざるを得ない場合があります。その際には、標準会議規則第91条により欠席する理由（出産の場合は期間）をつけて、欠席する委員会が開会するまでに委員長に届け出る必要があります。

8　議長と委員会

■議長の委員会への出席及び発言
●議長は、自治法第105条に基づき、いつでも委員会に出席し、発言できる権利を持っています。

▼議会を代表する議長は委員会の状況を常に知る必要がある

　議長は、自治法上いつでも本会議の下審査機関である委員会へ出席することができます。

　これは、議会を代表する議長が、下審査機関である委員会の状況を知るために認められた権限であるといえます。

▼委員会審査に立ち入る発言は控えるべき

　議長は、先に述べたとおり委員会に自由に出席できます。さらに、出席した委員会で発言をすることも自治法上認められています。

　したがって、委員会の審査に関しても発言をすることが可能ですが、中立公平性を旨とする議長は、委員会の審査に立ち入るような発言は控えることが適当であると考えられています。

■委員会の招集及び所管事務調査の通知

　委員長は、標準会議規則第90条により委員会を招集するときは、あらかじめ議長に対し、開会の日時、場所、事件等を通知する必要があります。また、常任委員会が所管事務調査を行う場合には、標準会議規則第105条第1項によりその事項、目的、方法、期間等について、あらかじめ議長に通知する必要があります。

　これらの通知をするのは、議会の代表者である議長に当該事項を通知することによって、議長は、委員会の状況を知ることや委員会間の調整を行うことができるからです。

■公聴会開催、委員派遣の承認等

　委員会が、公聴会を開催するときは、標準委員会条例第23条第1項により議長の承認を得る必要があります。また、委員会が、審査又は調査のため委員を派遣しようとするときは、標準会議規則第106条によりその日時、場所、目的及び経費等について議長の承認を得る必要があります。

　なお、委員会において、参考人の招致を行う場合は議長の承認は必要ありませんが、招致の手続は議長を経る必要があります。また、委員会は、自治法第100条の規定による調査を議会から委任された場合において、証人の出頭又は記録の提出を求めようとするときは

議長に申し出る必要があります。

9　委員会の特殊形態

■連合審査会

●案件に関連する他の委員会と合同で審査のための会議を開くことをいいます。

▼主たる委員会に付託後に、合同で審査する

　連合審査会とは、案件の付託を受けた委員会が、標準会議規則第103条により他の関連する委員会と合同で審査をするために開く会議をいいます。

　また、1つの議案等の事件を、分割して関係する委員会にそれぞれ付託することはできません。これは、事件の主たる部分を所管とする委員会に付託した後、関連する他の委員会と合同で審査することによって審査の充実を図るために認められたものです。

▼申入れは主たる委員会からでも従たる委員会からでも可能

　連合審査会の申入れは、付託された委員会（主たる委員会）からも可能ですし、また、付託されていないが当該案件に関連性を有する委員会（従たる委員会）からでも可能です。

▼連合審査会では討論・採決を行わない

　当該案件についての討論や採決は、付託された委員会にのみその権限が与えられています。このため、連合審査会では、討論・採決を行いません。

■小委員会

●委員会が、審査又は調査中の案件について委員全員で行うより少人数で行ったほうがより効果的な審査ができると判断した場合に、委員会内に便宜的に設けられる機関をいいます。

▼委員会の議決で設置

　小委員会は、すでに設置されている委員会の内部に置く組織であるため、その設置には、標準会議規則第102条により委員会の議決が必要です。なお、一委員会内に、小委員会は理論上いくつでも設置が可能です。

▼委員全員が所属する必要はない

　小委員会を委員会に設置した場合、委員会に所属する委員は小委員会に所属することは可能ですが、分科会と異なり委員すべてが必ずどこかの小委員会に所属する義務はありません。

▼小委員会では討論・採決が可能

　小委員会は、分科会と異なり付託された案件について小委員会としての意思を決定する必要があり、討論・採決を行うことができます。

■分　科　会

●委員会に付託された案件の内容が多岐にわたる場合に、案件をいくつかに分け所属委員が全員で分担して審査するために委員会内部に設置される機関をいいます。

▼委員会の議決により設置

　分科会は、委員会内に必要に応じて設置するため、標準会議規則第102条により委員会の議決が必要です。なお、分科会は、一委員会に複数設置することが可能です。

▼委員はどこかの分科会に必ず所属する

　委員会に分科会を設置した場合、委員会に所属する委員は必ずどこかの分科会に所属する義務が生じます。これは、分科会の性格が1つの案件を複数に分け、委員全員が審査又は調査に参加するために設置されることから導き出されています。

▼討論・採決は原則として行えない

　分科会においては、小委員会と異なり、通常審査又は調査するにとどまり、原則として討論、採決を行うことはできないとされています。これは、分科会では委員会の案件の一部を審査又は調査するものであるからです。委員会には、審査又は調査の経過だけを報告します。

10　委員会の権限

■所管事務調査

●常任委員会及び議会運営委員会は、当該委員会に属する所管事務を自主的に調査することができます。

▼常任委員会だけでなく議会運営委員会でも調査可能

　常任委員会は、委員会条例で規定された当該委員会の所管に属する事務について自らの判断で調査することができます。これが、所管事務調査です。

　この所管事務調査を行う場合には、標準会議規則第105条第1項により委員会において、①調査しようとする事項、②目的、③方法、④期間等を決定しその旨を議長にあらかじめ通知しなければなりません。

　なお、議会運営委員会も常任委員会と同様の手続により、所管事項に関する調査が可能です。

▼議案立案のほか執行機関の監視に活用

　所管事務調査は、条例案その他の議案の立案のために調査するほか執行機関への監視のために所管事務調査を活用することができます。

▼閉会中の所管事務調査は具体性が必要

　所管事務調査は、委員会の活動と同様に会期中に行われることが原則です。しかし、閉会中においても所管事務調査を引き続き行いたい場合は、委員会は、所管事務調査のうちで閉会中も調査を必要とする事項を具体的に特定する必要があります。この特定された事項に対し継続審査の申出を行い、本会議で議決されたときは閉会中においても当該事項について所管事務調査が行えることとなります。

▼調査結果を本会議に報告する義務はない

　所管事務調査を行い調査が終了した場合、法令上本会議に報告す

る必要はありません。これは、所管事務調査の性格によるものです。ただし、本会議への報告を禁止するまでのものではないため委員会が必要に応じ報告することは可能です。

11　委員会外部からの意見聴取

■公 聴 会

● 自治法第109条第5項に基づき委員会が、必要に応じて広く議会外の意見を聴き、委員会での審査又は調査を充実させるなどのために開催されるものをいいます。

▼住民の意見と乖離しないために開催

　委員会における予算その他重要な議案や請願等における審査又は調査において、所属する委員の意見だけでなく広く委員以外の外部の意見を参考とすることが、委員会の審査の充実に資する場合があります。

　また、住民の代表である議会の一機関である委員会の意見が、住民の意見から乖離しないために直接住民の意見を聴く必要がある場合があります。そのための方法の1つが、公聴会です。

▼案件に対する討論前までに開催すること

　公聴会は、委員会での審査又は調査を充実させるために行うものであるため審査中に開く必要があります。つまり、賛否に関する各委員の意見が表明される討論が開始される前までに公聴会を開催し、第三者から意見を聴き審査又は調査に役立たせる必要があります。

▼議長の承認後、開催の公示を行う

　公聴会は、委員会における公聴会開催決定の議決の後、標準委員会条例第23条第1項により委員会の申出を議長が承認することにより開催することができます。

　ここで、議長が公聴会を開催することを承認した場合には、標準委員会条例第23条第2項により、①公聴会を開催する日時、②場所、③意見を聴こうとする案件、④その他必要な事項を住民に対し公示する必要があります。

▼公述人は委員会が選定

　公聴会においては、標準委員会条例第25条第1項により意見を述べてもらう者、つまり、公述人を選定する必要があります。この公述人を選定できる権限を持つのが公聴会を開催する委員会です。委員会による公述人の選定方法は、①公聴会開催の公示をみて、文書により意見を述べる旨を申し出た者の中から委員会が選定する、②委員会自ら利害関係者及び学識経験者を選定するという2つの方法があります。

▼賛否が偏らないように公述人を選定

　公述人の選定について、標準委員会条例第25条第2項では、公述人をできるだけ賛成又は反対の一方に偏ることのないように選定することを委員会に義務付けています。これは、公述人が賛成又は反対のどちらか一方に偏った場合、住民等の意見を聴取し、審査又は調査に役立てるはずの委員会の意見が一方に偏ってしまうおそれがあるからです。

　このため、公聴会に出席して意見を述べようとする者は、標準委員会条例第24条により、あらかじめ委員会に対して文書によって

意見を述べる理由と案件について賛成か反対かを申し出る必要があります。

　なお、当該申出に対しては、公聴会で意見を述べてもらう者を委員会で決定し議長を経由して通知することとなりますが、申出のあった者すべてを公述人として選定する義務はありません。

▼公聴会は必ず公開

　公聴会は、委員会の一形態とはいえ委員長の判断により非公開とすることはできず、必ず公開しなければなりません。これは、公聴会の性格によるものです。

▼公述人は案件の範囲内で発言し質疑をすることはできない

　実際に公聴会が開催されると、公述人は、委員長の許可を得た後委員会が意見を聴こうとする案件の範囲内で発言することとなります（標準委員会条例第26条第1項及び第2項）。ただし、公述人は、標準委員会条例第27条第2項により公聴会を開催した委員会の委員に対し質疑することはできません。公述人は、あくまで案件に対する賛成又は反対の意見を述べるだけであり、案件の疑義を解明する必要性がないからです。

▼委員は公述人に質疑ができる

　委員は、標準委員会条例第27条第1項により公述人に対し質疑をすることができます。審査の充実のために招致しているのに公述人の意見に対し疑義を残したままにしては審査に不備を残すと考えられるからです。

▼公述人に対する委員長の措置

公述人が、公聴会で認められた発言の範囲を超えたり不穏当な言動をした場合、標準委員会条例第26条第3項により委員長は、発言を制止させたり当該公述人を退席させたりすることができます。

▼公述人本人からの聴取が原則

公述人が、病気などで公聴会に出席できない場合、標準委員会条例第28条により代理人に意見を述べさせたり文書で意見を提示させたりすることはできません。

これは、公述人本人の意見を聴取するのが公聴会の目的であるためです。ただし、例外として、同条ただし書により委員会が代理人による公述を特に許可した場合は可能です。

■参　考　人

●自治法第109条第5項に基づき委員会において、当該団体の事務に関し調査又は審査のため必要があるとき、当事者や利害関係人、学識経験者からの意見を求めることを参考人制度といいます。

▼公述人より簡素

委員会が第三者から意見を聴く制度として公聴会がありますが、公示等の手続に時間がかかります。そのため、同様の効果を持ちながらより簡便な手続で第三者から意見を聴くための制度が、参考人制度です。

▼参考人の手続

委員会が参考人の出席を求めるには、委員会において参考人として招致すべき者を議決します。この議決を経て、標準委員会条例第

29条第１項により委員会から議長に参考人の出席を求める通知を当該参考人に対し出してもらうこととなります。

　この際、参考人に対する通知には、標準委員会条例第29条第２項により、①委員会に出席してもらう日時、②場所、③意見を聴こうとする案件、④その他必要な事項を記載する必要があります。

▼出席は任意

　参考人として委員会から出席を要請された者は、議長から通知された日時に委員会に出席し意見を述べることとなりますが、その出席は、100条調査における証人と異なり義務ではなく任意です。また、出席しないことによって罰則を受けることもありません。

▼委員会運営では公述人の手続を準用

　参考人は、公聴会と同様に委員会が第三者の意見を聴くための制度であるため、その手続については、標準委員会条例第29条第３項では、①公述人の発言、②委員と公述人の質疑、③代理人又は文書による意見の陳述に係る部分について公述人の規定を準用しています。

■委員外議員

●必要に応じて所属委員以外の議員に出席を決定し、説明又は意見などを聴くことができます。

▼案件に詳しい議員の参加で審査を充実させる

　委員会は、標準会議規則第117条第１項により審査又は調査に必要であると考えたとき、所属する委員以外の議員に出席を要請して審査又は調査の事件について説明又は意見を聴くことができます。

これが、委員外議員の制度です。

　これは、委員以外で案件に詳しい議員からその意見又は説明を聴くことにより委員会審査の充実を図るためのものです。

▼委員外議員から出席を申し出ることも可能

　通常は、委員会が必要があると判断した場合に委員会の議決により委員外議員の出席を求めることになります。しかし、それ以外に委員外議員自らが委員会に出席して発言を申し出ることができます。

　この場合は、標準会議規則第117条第２項により委員会が、その議員を委員外議員として参加させる必要があるかどうかを検討し判断することとなります。

12　閉会中の継続審査

●継続審査とは、会議に付された事件について当該会期中に議了できないため、特に、本会議で議決した場合に限り案件の付託を受けた委員会が閉会中も引き続き審査を行うことができるようにすることをいいます。

▼会期不継続の例外

　委員会も、本会議と同様に会期中のみ委員会における審査又は調査を行うのが原則です。これが、会期不継続の原則です。このため、会期中に事件の審査又は調査が終了しなければ会期終了とともに審査未了廃案となります。

　しかし、一般に議会の会期は短いため、会期中にすべての案件の

審査を終了することが困難な場合もあります。そこで、審査する期間の幅を広げ、閉会中においても委員会が審査又は調査できるようにすることが委員会における継続審査です。つまり、自治法第109条第8項の継続審査は、会期不継続の原則の例外といえます。

　なお、自治法第102条の2に基づく通年会期を採用している議会においては、事実上閉会中は存在しない状況になりますが会期自体は存在します。このため、会期中に議決しなかった事件について、次の会期に継続するには継続審査の手続を行う必要があります。

▼本会議で議決する必要がある

　継続審査の方法としては、委員会において継続審査とするかどうかを議決し、本会議に申し出る必要があります。この申出に基づき、本会議において、当該継続審査の申出を認めるかどうか決めることとなります。

　その際、標準会議規則第111条により継続審査とする理由を付けた申出書を委員長から議長へ提出する必要があります。

　なお、これ以外の方法として、委員会からの継続審査の申出によらず、本会議における議長発議又は議員から動議を提出し、本会議に諮って決める方法もあります。

▼継続審査は結果ではない

　継続審査は、委員会における審査の結果ではありません。あくまで、閉会中にも審査を続けていいかという委員会の審査期間を延ばすための議事手続です。そのため、委員会の経過と結果を報告する委員長報告で継続審査の申出について述べることはできません。

▼継続審査の申出の時期

　委員会において、継続審査の申出ができる期間は法令上会期終了までであればいつでも可能です。しかし、実務上委員会で審査を尽くしても会期中に結論を出すことが困難であると判断される会期末に申し出るのが適当です。

▼次の定例会まで審査が可能

　継続審査が議決されれば、当該案件については、原則として次の定例会の会期末まで委員会審査が可能です。必要があれば、さらに継続審査を再度議決することも可能です。

13　委員派遣

● 委員会が、所属委員を外部に派遣し情報の収集等を図ることを委員派遣といいます。

▼派遣承認要求書を議長に提出し、承認を得る必要がある

　委員会での審査又は調査は、委員会室における審査又は調査を想定しています。しかし、それ以外に委員会の審査又は調査の充実を図るため、委員会が、その所属する委員を外部に派遣し情報の収集等を図ることができます。これが、委員派遣です。

　委員派遣を行おうとする場合、標準会議規則第106条により委員会は、①委員派遣を行おうとする日時、②場所、③目的、④経費について委員会において議決し、そのうえでこれらを記載した派遣承認要求書を議長に提出し、議長の承認を得る必要があります。

▼閉会中の委員派遣は案件の継続審査をしたうえで可能

　委員派遣は、委員会の活動の一環のため定例会又は臨時会の会期中に行うことが想定されていますが、実際は、定例会又は臨時会の会期中には案件に対する審査を行うことが多いことから、委員派遣は閉会中に行われるのが一般的です。

　ここで、閉会中の委員派遣を行うには、委員会で単に委員派遣を行う旨の議決をして議長の承認を得ただけでは足りず、委員派遣の対象となる案件を閉会中の継続審査としておく必要があります。

14　中間報告

●委員会審査の途中経過を本会議で報告することをいいます。

▼原則は本会議からの要求による

　本会議において、委員会審査の状況について何らかの状況説明が必要であると認める場合、標準会議規則第45条により本会議の議決で当該委員会に審査の途中経過の報告を行わせることを中間報告といいます。

　この中間報告は、本会議が特に必要があると認めた場合に本会議での議決に基づき行われます。しかし、これ以外にも本会議の要求がなくても、委員会での議決に基づき委員会が本会議に中間報告をしたい旨の申出により行うことができます。

▼質疑は可能

　中間報告が委員長からなされた場合、議員は、中間報告に対して質疑することが可能です。ただし、質疑の範囲は、中間報告された

事項の範囲に限られ、それを超えて質疑を行うことはできません。

15　委員会報告書

●委員会における審査終了後に、審査の経過と結果をまとめた報告書を作成し、委員長から議長に提出します。

▼委員会報告書により本会議に案件が戻る

　委員会は、標準会議規則第110条により、委員会に付託された議案等の審査又は調査が終了したときには、当該審査の経過と結果についてまとめた報告書を作成し、委員長が議長に対して提出する義務があります。

　この報告書の提出により、委員会に付託された議案等が本会議に戻り、本会議における審議の対象となります。

　つまり、委員会報告書が議長に提出されない限り、原則として本会議で当該議案等について審議を行うことはできません。ただし、標準会議規則第44条により例外として本会議で委員会の審査期限を設けることにより、委員会報告書の提出がなくても委員会から本会議に議案等を戻す方法があります。

　なお、この報告書の内容については、本会議において委員長が委員会を代表して報告をします。

▼報告書は委員会で作成

　委員会報告書は、会議規則に規定されているように委員会が作成します。その作成方法としては、委員長が報告書案を作成しそれを委員会で審査し決定する方法です。しかし、実務上はこの方法では

時間がかかるため委員会報告書の作成を委員長に一任する方法もあります。

16　少数意見

●**委員会において少数で廃棄された意見で他に出席委員1人以上の賛成があるものについては、少数意見として留保することができます。**

▼本会議の審議に役立てるのが目的

　委員会で議案等について採決を行えば、可決、否決又は修正可決に決定します。

　この際の審査における経過と結果を、委員長報告として本会議に報告します。

　この議案等に対する委員長報告は、本会議の採決における参考意見として取り扱われます。つまり、本会議は、委員会での採決結果に何ら拘束されません。このため、さらに委員会の採決結果とは異なる意見も参考意見として取り上げることは、本会議における審議に有益であるといえます。

　このような観点から、標準会議規則第108条第1項では、委員会において少数で廃棄された意見で他に出席委員1人以上の賛成があるものについて、委員がこれを少数意見として留保することを規定しています。

▼少数意見の留保をするには一定の要件が必要

　委員会で少数意見の留保をするには、①委員会において案件に対

し意見を表明したが少数で廃棄されたこと、②出席委員1人以上の賛成者が委員会においていることの2つの要件が必要です。

▼少数意見の留保の時期

少数意見を留保するには、留保する案件の表決後から次の案件の議題に入るまでの間に行う必要があります。

▼簡明な少数意見報告書を作成

委員会において少数意見を留保した場合、標準会議規則第108条第2項により少数意見を留保した委員は、その意見を本会議に報告しようとする場合には簡明な少数意見報告書を作成し議長に提出しなければなりません。

また、この報告書の提出時期は、委員会の報告書が提出されるまでに委員長を経て議長に提出することが義務付けられています。

17　附帯決議

●委員会において案件に対する執行上の要望などをまとめたもので、案件に付随する決議をいいます。

▼委員会の要望事項という位置付け

附帯決議は、法令上認められたものではなく委員会の事実上の決議をいいます。

この決議は、委員会において案件が可決又は修正可決された場合に、委員会から当該案件に対し執行上の要望や留意事項等を述べるために提出されるものです。このため、委員会において否決された

事件には附帯決議をつけることはできません。

▼附帯決議の提出時期

　附帯決議は、委員会に付託された案件が可決又は修正可決された後から次の案件が議題となるまでの間に提出することが適当です。

18　再付託及び再審査

■再 付 託
●委員会での審査が不十分であるとして、本会議の議決により再度委員会に付託して審査又は調査を行わせることをいいます。

▼再付託の効力

　委員会から審査又は調査を経て本会議に報告された案件について、本会議が委員会における審査又は調査が不十分であるとして、標準会議規則第46条により議長発議又は議員からの動議に基づく議会の議決により同一の委員会又は他の委員会に再度付託することを再付託といいます。

　再付託の効力は本会議において議決されたときから生じ、当該委員会は、最初に付託されたときと同じ状態で審査、調査を行うことができます。

▼再付託は理論上何度でも可能

　再付託の回数についての制限は法令上特になく、本会議において何度でも委員会に再付託することは可能です。しかし、実務上再付託を何度も行うことは適当ではありません。

■再 審 査
●委員会自身の判断で審査をやり直すことをいいます。

▼再審査を行う意義

本会議で委員会に案件を差し戻す再付託と同様の効果を生じるものとして、再審査があります。

これは、委員会自身が、審査の過程で不備があったり審査終了後において周りの事情が変化したりしたことにより、それまでの委員会が行った審査とその結果が意味をなさなくなったと委員会での審査終了後に判断した場合に審査し直すことをいいます。

▼再審査は本会議の議題になる前まで可能

再審査は、委員会が案件を議決後、本会議において当該案件が議題となるまで行うことができます。

▼再審査の手続

再審査の手続は、委員会において、委員長発議又は委員からの動議に基づく委員会の議決により決定されます。

▼再審査の効力

再審査は、委員会で議決されたときから効力を生じ、委員会は、白紙の状態から審査をやり直すことが可能となります。

19　委員会の会議録

●委員会における会議の概要、出席委員名など必要事項を記載します。

▼会議録の作成手続

　委員会においては、標準委員会条例第30条第1項で、委員長が議会事務局職員に、①委員会における会議の概要、②出席した委員の氏名など必要な事項を記載した会議録を作成させることを義務付けています。これによって作成された会議録は、委員長による内容の確認の後、委員長が署名又は押印することが必要となっていますが、標準委員会条例においては、会議録に署名する委員に関する規定はありません。

▼要点記録が可能

　委員会の会議録について、標準委員会条例第30条第1項では会議の概要と規定しているので、要点記録とすることが可能です。ただし、全文記録とすることを禁止していないので、全文記録とすることも可能です。

▼議長において保管

　委員会において作成された会議録は、標準委員会条例第30条第3項では作成した委員会において保管するのではなく議長において保管することとしています。

20　秘密会

●本会議と同様に委員会においても秘密会とすることができます。

▼出席委員の過半数で秘密会にできる

　委員会においても、標準委員会条例第20条第1項により本会議と同様に個人のプライバシーを保護する観点などから委員会の議事を秘密会とすることができます。

　本会議と異なるのは、秘密会とすることの議決要件が本会議では出席議員の3分の2以上が必要であるのに対し、委員会においては出席委員の過半数で足りるということです。なお、秘密会の発議は、委員長発議又は委員の動議により行われます。この動議は、特に会議規則等に定めがなければ委員1人でも行えます。そして、秘密会の是非については、標準委員会条例第20条第2項により討論を用いず委員会に諮って決めることとなります。

▼秘密会開催の判断はケースバイケース

　どのような場合に秘密会とすべきかについては、法令上特に定めはありません。具体的には、審査の内容が外部に知られることにより第三者の利益や名誉を害するような審査をする場合に秘密会を開催する必要があるといえますが、ケースバイケースで判断することになります。

▼秘密会における退席者

　委員会において秘密会とすることが決まった場合、標準会議規則第112条により委員長は、その議決後から傍聴人及び委員長の指定

する者以外の者を委員会室から退席させなければなりません。つまり、すべての傍聴人と執行機関職員と議会事務局職員のうちの委員長が指定した者以外のものはすべて退場となります。ただし、当該委員会に所属しない議員は、秘密会となった委員会の議事を傍聴できます。

▼秘密性が継続する限り秘密漏洩禁止

　秘密会における議事は、標準会議規則第113条第2項により秘密性が継続する限り他人に漏らすことが禁じられています。万が一、議員が秘密会における議事を他に漏らした場合、秘密漏洩により懲罰の対象となります。

　次に、秘密会とした議事の本会議における取扱いですが、本会議においてもその該当部分について秘密性が継続すると認められた場合、本会議を秘密会とする手続が必要となります。ただし、委員会において秘密会としたものの本会議ではその必要がなくなったような場合には、委員会で秘密性を解けば、これを継続する必要はありません。

21　発言

■委員の発言
●発言には委員長の許可が必要です。

▼本会議と違い、自己の意見を述べることが可能

　委員が発言しようとする場合は、標準会議規則第114条により委員長の許可を得なければなりません。これをしないと、委員がそれ

ぞれ勝手な発言をすることになり、議論がかみ合わなくなるおそれ
があります。このため、委員会の議事整理権を有する委員長の許可
によって発言を行うこととなります。

　委員の発言の範囲としては、標準会議規則第115条により本会議
と異なり議題となった案件についての質疑だけでなく、委員自身の
意見を述べることもできます。

▼発言は案件の範囲を超えることはできない

　委員は、標準会議規則第116条第1項によりその発言の内容につ
いては、簡明にすることが求められるとともに議題となった案件の
範囲を超えることはできません。

　また、選挙及び表決を委員長が宣告した場合、何人も発言をする
ことはできません。これは、選挙又は表決を宣告した場合は、そこ
までの審査は終了したと考えられ、質疑や討論などの審査の蒸し返
しをなくすためです。ただし、例外的に選挙及び表決の方法につい
ては、宣告後も発言をすることが認められています。

■委員長の発言
●必要があれば委員席で発言することができます。

▼通常は一委員として発言することはない

　委員長は、中立公平を旨とするため、通常、一委員としての発言
をすることはありません。

　しかし、委員長は、委員長としての立場のほかに一委員としての
立場も有していることから、どうしても一委員として発言したい場
合は、副委員長と委員長職を交代し、委員長席を離れ委員席に着席
して発言をすることが認められています。

▼討論まで行った場合は採決終了まで復席できない

　委員長は、標準会議規則第118条により、一委員としての発言が終われば委員長席に戻ることとなりますが、委員長が案件に対する賛否を表明する討論まで行った場合は、その議題の採決が終わるまでは委員長席に戻ることはできません。

　これは、賛否まで表明してしまうと委員長の中立公平性が失われることとなるため、その後の議事をつかさどるのが適当でないと考えられているからです。

■発言時間の制限

●委員会審査は活発に行われるべきですが、委員長が必要と認める場合には、あらかじめ発言に時間制限を設けることができます。

　委員会中心主義を採っている議会においては、委員会での審査が重要な役割を担うこととなります。このため、より多くの発言、議論をすることが期待されています。しかし、委員会といえども会期など審査期間の制限があります。

　このため、委員１人当たりの発言時間をある程度制限することもやむを得ないことです。

　この発言時間の制限は、標準会議規則第119条第１項により、①あらかじめ、②委員長が必要があると認めるときに行うことができます。

▼発言時間の制限に対して異議を出せる

　この委員長の発言時間の制限に対しては、標準会議規則第119条第２項では、委員１人で異議を出すことができ、異議が出た場合は委員長は討論を用いることなく委員会に諮り決めることとしています。

■質疑及び討論の終結

●質疑や討論が十分尽くされたとして、質疑又は討論の終結の動議を提出することができます。

▼議論が堂々巡りになるのを防ぐ

審査の過程において質疑と討論が終了した場合、標準会議規則第122条第1項により委員長は、その終結を宣告することとなります。

ところで、住民の関心の高い案件については、多くの質疑と討論が出ることがあります。内容的に異なるものであれば認める実益がありますが、どうしても重複することが多くなり議論が堂々巡りになることがあります。

そこで、質疑であれば2人以上の質疑が、討論であれば賛成・反対それぞれ2人以上の討論が行われており、かつ、これらの発言が重複している状況であり容易に終結しないと考えた場合、標準会議規則第122条第2項では質疑又は討論の終結の動議を提出することができることとしています。

▼動議可決後は質疑又は討論はできない

質疑又は討論終結の動議が可決されると、その後は、委員会において質疑又は討論を行うことができなくなります。

■発言の取消、訂正

●委員会においても、標準会議規則第124条により本会議同様に発言の取消、訂正を行うことができます。

▼発言の訂正は委員長の許可、取消は委員会の許可

委員会における発言の訂正を行うには、発言を行った委員からの

申出により委員長が許可することにより可能です。また、発言の取消は、発言した委員からの申出により委員会が許可することにより可能です。

■執行機関の答弁

● 質疑に対する答弁はその場で行うのが原則ですが、後で答弁書を提出することもできます。

▼ 答弁書が提出された場合は、事務局職員が朗読する

　執行機関に対しなされた質疑に対する答弁は、通常その場で行われることが原則です。

　しかし、細かい数字や施策のすべてについて直ちに答弁ができないことがあります。この場合にまで、その場で無理に答弁を求めても内容の充実した答弁が返ってくる可能性は低いこととなります。

　このため、例外的に執行機関は後で答弁書を提出することができることになっています。

　なお、この答弁書が提出された場合、標準会議規則第125条により委員長は、事務局職員にその答弁書を朗読させることとなります。

22　審査期限

● 議会は、必要があると認めるときは委員会に付託した事件の審査又は調査につき期限を付すことができます。

▼ 審査期限の意義と期限経過後の対応

　本会議から委員会に付託された審査又は調査については、委員会

審査独立の原則により本会議が委員会の審査に関与することはできません。しかし、委員会における故意の議事引き延ばしなどにより本会議の審議にまで影響が生じることは問題があります。このため、議会は必要があると認めるときは、標準会議規則第44条第1項により委員会の審査期限を定めてその期限内に審査又は調査を終了させるようにしたのが、審査期限です。

　なお、期限内に審査又は調査が終了しなかったときは、同条第2項により議会の議決により本会議で審査又は調査することができます。

▼審査期限延期を委員会は申し出ることは可能

　本会議で付された審査期限に対し、委員会でその期限内に審査又は調査を終了することができないと判断したとき審査期限を付された委員会は、議会に対し期限の延期を求めることができます。この申出に基づき、本会議において、これを認めるかどうかについて議決することとなります。

23　秩序保持に関する措置

●本会議と同様に委員長は、委員や傍聴人等の言動の制止や発言の取消命令を行うことができます。

▼委員長の命令に従わない場合、発言禁止や退場処分も可能

　委員会においても、自治法や会議規則、委員会条例に違反したり委員会の秩序を乱す委員がいる場合、標準委員会条例第22条第1項により委員長は、その権限に基づき当該委員にその言動を制止し

たり発言の取消しを命令することができます。

　ところが、その委員が委員長の命令に従わないことがあります。この場合、標準委員会条例第22条第2項により委員長は、その言動を行った委員会が終了するまで当該委員の発言を禁止したり委員会室から退場させたりすることができます。なお、これらの行為は懲罰の対象となることがあります。

　また、委員長は、標準委員会条例第22条第3項により委員会が騒然として整理することが困難であると認めるときは、委員会を閉じ又は中止することができます。

24　本会議と委員会の関係

●本会議開催中には委員会を開くことはできません。

▼本会議は全議員の審議参加が原則

　委員会は、本会議が開かれている間は開催することができません。

　これは、本会議の運営に支障を及ぼさないための当然の配慮です。本会議では、議員全員が審議に参加するのが原則であること等から、標準会議規則第92条では本会議開会中は、委員会を開くことができないことを定めています。

第**4**章 協議等の場

協議等の場

●議会は、自治法第100条第12項に基づき、会議規則に規定すれば、議案の審査又は議会の運営に関し、協議又は調整を行うために協議等の場を設けることができます。この規定は、平成20年の自治法の一部改正により、従来地方議会において、本会議、委員会のほかに、事実上協議会等の会議が行われているという実態等を踏まえ、議会活動の範囲を明確にするため規定されたものです。

▼全員協議会や会派代表者会などが考えられる

協議等の場の例として、全員協議会、会派代表者会などのほか委員会協議会などを挙げることができます。

▼議案の審査又は議会の運営に関し協議又は調整を行う

協議等の場は、議案の審査又は議会の運営に関し協議又は調整を行うことを目的としているため、本会議や委員会に代替するものではないので、議案等の事件の審議、審査は本会議、委員会で行うこととなります。

▼公務災害及び費用弁償の対象とすることができる

協議等の場を会議規則に規定すれば、その活動は議会の正規の活動と認められるため協議等の場の活動は費用弁償の対象となります。また、正規の議会活動すなわち公務であるため公務災害の対象にもなります。

▼設置は原則会議規則に規定し、例外的に本会議の議決による

　常設的な協議等の場を正規の議会活動とするためには、自治法第100条第12項により会議規則に具体的に規定する必要があります。また、臨時に協議等の場を設けるに当たっては、標準会議規則第166条第2項に規定された手続に基づき本会議の議決で設けることとなります。

▼協議等の場の公開の是非については、各議会の判断による

　協議等の場を住民など外部の者に傍聴させるかどうかは、各議会の判断で決めることになります。

▼協議等の場の運営など必要な事項は、別に定めることができる

　協議等の場の運営など会議規則に規定されていない事項について、標準会議規則第166条第4項により議長は、必要と認めるものについて会議規則とは別に定めることができます。例えば、協議等の場の主宰者の選任方法や構成員の定数や任期、協議等の場の公開に関する事項や記録の方法などが考えられます。

● 資　料

○地方自治法（第2編第6章及び第7章議会関係条文抜粋）

第2編　普通地方公共団体
第6章　議会
第1節　組織

第89条　普通地方公共団体に議会を置く。

第90条　都道府県の議会の議員の定数は、条例で定める。

②　前項の規定による議員の定数の変更は、一般選挙の場合でなければ、これを行うことができない。

③　第6条の2第1項の規定による処分により、著しく人口の増加があつた都道府県においては、前項の規定にかかわらず、議員の任期中においても、議員の定数を増加することができる。

④　第6条の2第1項の規定により都道府県の設置をしようとする場合において、その区域の全部が当該新たに設置される都道府県の区域の一部となる都道府県（以下本条において「設置関係都道府県」という。）は、その協議により、あらかじめ、新たに設置される都道府県の議会の議員の定数を定めなければならない。

⑤　前項の規定により新たに設置される都道府県の議会の議員の定数を定めたときは、設置関係都道府県は、直ちに当該定数を告示しなければならない。

⑥　前項の規定により告示された新たに設置される都道府県の議会の議員の定数は、第1項の規定に基づく当該都道府県の条例により定められたものとみなす。

⑦　第4項の協議については、設置関係都道府県の議会の議決を経なければならない。

第91条　市町村の議会の議員の定数は、条例で定める。

②　前項の規定による議員の定数の変更は、一般選挙の場合でなければ、これを行うことができない。

③　第7条第1項又は第3項の規定による処分により、著しく人口の増減があつた市町村においては、前項の規定にかかわらず、議員の任期中においても、議員の定数を増減することができる。

④　前項の規定により議員の任期中にその定数を減少した場合において当該

市町村の議会の議員の職に在る者の数がその減少した定数を超えていると
きは、当該議員の任期中は、その数を以て定数とする。但し、議員に欠員
を生じたときは、これに応じて、その定数は、当該定数に至るまで減少す
るものとする。

⑤　第７条第１項又は第３項の規定により市町村の設置を伴う市町村の廃置
分合をしようとする場合において、その区域の全部又は一部が当該廃置分
合により新たに設置される市町村の区域の全部又は一部となる市町村（以
下本条において「設置関係市町村」という。）は、設置関係市町村が２以
上のときは設置関係市町村の協議により、設置関係市町村が１のときは当
該設置関係市町村の議会の議決を経て、あらかじめ、新たに設置される市
町村の議会の議員の定数を定めなければならない。

⑥　前項の規定により新たに設置される市町村の議会の議員の定数を定めた
ときは、設置関係市町村は、直ちに当該定数を告示しなければならない。

⑦　前項の規定により告示された新たに設置される市町村の議会の議員の定
数は、第１項の規定に基づく当該市町村の条例により定められたものとみ
なす。

⑧　第５項の協議については、設置関係市町村の議会の議決を経なければな
らない。

第92条　普通地方公共団体の議会の議員は、衆議院議員又は参議院議員と兼
ねることができない。

②　普通地方公共団体の議会の議員は、地方公共団体の議会の議員並びに常
勤の職員及び地方公務員法（昭和25年法律第261号）第22条の４第１項
に規定する短時間勤務の職を占める職員（以下「短時間勤務職員」という。）
と兼ねることができない。

第92条の２　普通地方公共団体の議会の議員は、当該普通地方公共団体に対
し請負（業として行う工事の完成若しくは作業その他の役務の給付又は物
件の納入その他の取引で当該普通地方公共団体が対価の支払をすべきもの
をいう。以下この条、第142条、第180条の５第６項及び第252条の28第
３項第12号において同じ。）をする者（各会計年度において支払を受ける
当該請負の対価の総額が普通地方公共団体の議会の適正な運営の確保のた
めの環境の整備を図る観点から政令で定める額を超えない者を除く。）及
びその支配人又は主として同一の行為をする法人の無限責任社員、取締役、

　　執行役若しくは監査役若しくはこれらに準ずべき者、支配人及び清算人たることができない。

第93条　普通地方公共団体の議会の議員の任期は、4年とする。

　②　前項の任期の起算、補欠議員の在任期間及び議員の定数に異動を生じたためあらたに選挙された議員の在任期間については、公職選挙法第258条及び第260条の定めるところによる。

第94条　町村は、条例で、第89条の規定にかかわらず、議会を置かず、選挙権を有する者の総会を設けることができる。

第95条　前条の規定による町村総会に関しては、町村の議会に関する規定を準用する。

　第2節　権限

第96条　普通地方公共団体の議会は、次に掲げる事件を議決しなければならない。

　一　条例を設け又は改廃すること。

　二　予算を定めること。

　三　決算を認定すること。

　四　法律又はこれに基づく政令に規定するものを除くほか、地方税の賦課徴収又は分担金、使用料、加入金若しくは手数料の徴収に関すること。

　五　その種類及び金額について政令で定める基準に従い条例で定める契約を締結すること。

　六　条例で定める場合を除くほか、財産を交換し、出資の目的とし、若しくは支払手段として使用し、又は適正な対価なくしてこれを譲渡し、若しくは貸し付けること。

　七　不動産を信託すること。

　八　前2号に定めるものを除くほか、その種類及び金額について政令で定める基準に従い条例で定める財産の取得又は処分をすること。

　九　負担付きの寄附又は贈与を受けること。

　十　法律若しくはこれに基づく政令又は条例に特別の定めがある場合を除くほか、権利を放棄すること。

　十一　条例で定める重要な公の施設につき条例で定める長期かつ独占的な利用をさせること。

十二　普通地方公共団体がその当事者である審査請求その他の不服申立て、訴えの提起（普通地方公共団体の行政庁の処分又は裁決（行政事件訴訟法第３条第２項に規定する処分又は同条第３項に規定する裁決をいう。以下この号、第105条の２、第192条及び第199条の３第３項において同じ。）に係る同法第11条第１項（同法第38条第１項（同法第43条第２項において準用する場合を含む。）又は同法第43条第１項において準用する場合を含む。）の規定による普通地方公共団体を被告とする訴訟（以下この号、第105条の２、第192条及び第199条の３第３項において「普通地方公共団体を被告とする訴訟」という。）に係るものを除く。）、和解（普通地方公共団体の行政庁の処分又は裁決に係る普通地方公共団体を被告とする訴訟に係るものを除く。）、あつせん、調停及び仲裁に関すること。

十三　法律上その義務に属する損害賠償の額を定めること。

十四　普通地方公共団体の区域内の公共的団体等の活動の総合調整に関すること。

十五　その他法律又はこれに基づく政令（これらに基づく条例を含む。）により議会の権限に属する事項

②　前項に定めるものを除くほか、普通地方公共団体は、条例で普通地方公共団体に関する事件（法定受託事務に係るものにあつては、国の安全に関することその他の事由により議会の議決すべきものとすることが適当でないものとして政令で定めるものを除く。）につき議会の議決すべきものを定めることができる。

第97条　普通地方公共団体の議会は、法律又はこれに基く政令によりその権限に属する選挙を行わなければならない。

②　議会は、予算について、増額してこれを議決することを妨げない。但し、普通地方公共団体の長の予算の提出の権限を侵すことはできない。

第98条　普通地方公共団体の議会は、当該普通地方公共団体の事務（自治事務にあつては労働委員会及び収用委員会の権限に属する事務で政令で定めるものを除き、法定受託事務にあつては国の安全を害するおそれがあることその他の事由により議会の検査の対象とすることが適当でないものとして政令で定めるものを除く。）に関する書類及び計算書を検閲し、当該普通地方公共団体の長、教育委員会、選挙管理委員会、人事委員会若しくは

公平委員会、公安委員会、労働委員会、農業委員会又は監査委員その他法律に基づく委員会又は委員の報告を請求して、当該事務の管理、議決の執行及び出納を検査することができる。

② 議会は、監査委員に対し、当該普通地方公共団体の事務（自治事務にあつては労働委員会及び収用委員会の権限に属する事務で政令で定めるものを除き、法定受託事務にあつては国の安全を害するおそれがあることその他の事由により本項の監査の対象とすることが適当でないものとして政令で定めるものを除く。）に関する監査を求め、監査の結果に関する報告を請求することができる。この場合における監査の実施については、第199条第2項後段の規定を準用する。

第99条　普通地方公共団体の議会は、当該普通地方公共団体の公益に関する事件につき意見書を国会又は関係行政庁に提出することができる。

第100条　普通地方公共団体の議会は、当該普通地方公共団体の事務（自治事務にあつては労働委員会及び収用委員会の権限に属する事務で政令で定めるものを除き、法定受託事務にあつては国の安全を害するおそれがあることその他の事由により議会の調査の対象とすることが適当でないものとして政令で定めるものを除く。次項において同じ。）に関する調査を行うことができる。この場合において、当該調査を行うため特に必要があると認めるときは、選挙人その他の関係人の出頭及び証言並びに記録の提出を請求することができる。

② 民事訴訟に関する法令の規定中証人の訊問に関する規定は、この法律に特別の定めがあるものを除くほか、前項後段の規定により議会が当該普通地方公共団体の事務に関する調査のため選挙人その他の関係人の証言を請求する場合に、これを準用する。ただし、過料、罰金、拘留又は勾引に関する規定は、この限りでない。

③ 第1項後段の規定により出頭又は記録の提出の請求を受けた選挙人その他の関係人が、正当の理由がないのに、議会に出頭せず若しくは記録を提出しないとき又は証言を拒んだときは、6箇月以下の禁錮又は10万円以下の罰金に処する。

④ 議会は、選挙人その他の関係人が公務員たる地位において知り得た事実については、その者から職務上の秘密に属するものである旨の申立を受けたときは、当該官公署の承認がなければ、当該事実に関する証言又は記録

の提出を請求することができない。この場合において当該官公署が承認を拒むときは、その理由を疏明しなければならない。

⑤　議会が前項の規定による疏明を理由がないと認めるときは、当該官公署に対し、当該証言又は記録の提出が公の利益を害する旨の声明を要求することができる。

⑥　当該官公署が前項の規定による要求を受けた日から20日以内に声明をしないときは、選挙人その他の関係人は、証言又は記録の提出をしなければならない。

⑦　第２項において準用する民事訴訟に関する法令の規定により宣誓した選挙人その他の関係人が虚偽の陳述をしたときは、これを３箇月以上５年以下の禁錮に処する。

⑧　前項の罪を犯した者が議会において調査が終了した旨の議決がある前に自白したときは、その刑を減軽し又は免除することができる。

⑨　議会は、選挙人その他の関係人が、第３項又は第７項の罪を犯したものと認めるときは、告発しなければならない。但し、虚偽の陳述をした選挙人その他の関係人が、議会の調査が終了した旨の議決がある前に自白したときは、告発しないことができる。

⑩　議会が第１項の規定による調査を行うため当該普通地方公共団体の区域内の団体等に対し照会をし又は記録の送付を求めたときは、当該団体等は、その求めに応じなければならない。

⑪　議会は、第１項の規定による調査を行う場合においては、予め、予算の定額の範囲内において、当該調査のため要する経費の額を定めて置かなければならない。その額を超えて経費の支出を必要とするときは、更に議決を経なければならない。

⑫　議会は、会議規則の定めるところにより、議案の審査又は議会の運営に関し協議又は調整を行うための場を設けることができる。

⑬　議会は、議案の審査又は当該普通地方公共団体の事務に関する調査のためその他議会において必要があると認めるときは、会議規則の定めるところにより、議員を派遣することができる。

⑭　普通地方公共団体は、条例の定めるところにより、その議会の議員の調査研究その他の活動に資するため必要な経費の一部として、その議会における会派又は議員に対し、政務活動費を交付することができる。この場合

において、当該政務活動費の交付の対象、額及び交付の方法並びに当該政務活動費を充てることができる経費の範囲は、条例で定めなければならない。

⑮　前項の政務活動費の交付を受けた会派又は議員は、条例の定めるところにより、当該政務活動費に係る収入及び支出の報告書を議長に提出するものとする。

⑯　議長は、第14項の政務活動費については、その使途の透明性の確保に努めるものとする。

⑰　政府は、都道府県の議会に官報及び政府の刊行物を、市町村の議会に官報及び市町村に特に関係があると認める政府の刊行物を送付しなければならない。

⑱　都道府県は、当該都道府県の区域内の市町村の議会及び他の都道府県の議会に、公報及び適当と認める刊行物を送付しなければならない。

⑲　議会は、議員の調査研究に資するため、図書室を附置し前2項の規定により送付を受けた官報、公報及び刊行物を保管して置かなければならない。

⑳　前項の図書室は、一般にこれを利用させることができる。

第100条の2　普通地方公共団体の議会は、議案の審査又は当該普通地方公共団体の事務に関する調査のために必要な専門的事項に係る調査を学識経験を有する者等にさせることができる。

第3節　招集及び会期

第101条　普通地方公共団体の議会は、普通地方公共団体の長がこれを招集する。

②　議長は、議会運営委員会の議決を経て、当該普通地方公共団体の長に対し、会議に付議すべき事件を示して臨時会の招集を請求することができる。

③　議員の定数の4分の1以上の者は、当該普通地方公共団体の長に対し、会議に付議すべき事件を示して臨時会の招集を請求することができる。

④　前2項の規定による請求があつたときは、当該普通地方公共団体の長は、請求のあつた日から20日以内に臨時会を招集しなければならない。

⑤　第2項の規定による請求のあつた日から20日以内に当該普通地方公共団体の長が臨時会を招集しないときは、第1項の規定にかかわらず、議長は、臨時会を招集することができる。

⑥　第３項の規定による請求のあつた日から20日以内に当該普通地方公共団体の長が臨時会を招集しないときは、第１項の規定にかかわらず、議長は、第３項の規定による請求をした者の申出に基づき、当該申出のあつた日から、都道府県及び市にあつては10日以内、町村にあつては６日以内に臨時会を招集しなければならない。

⑦　招集は、開会の日前、都道府県及び市にあつては７日、町村にあつては３日までにこれを告示しなければならない。ただし、緊急を要する場合は、この限りでない。

⑧　前項の規定による招集の告示をした後に当該招集に係る開会の日に会議を開くことが災害その他やむを得ない事由により困難であると認めるときは、当該告示をした者は、当該招集に係る開会の日の変更をすることができる。この場合においては、変更後の開会の日及び変更の理由を告示しなければならない。

第102条　普通地方公共団体の議会は、定例会及び臨時会とする。

②　定例会は、毎年、条例で定める回数これを招集しなければならない。

③　臨時会は、必要がある場合において、その事件に限りこれを招集する。

④　臨時会に付議すべき事件は、普通地方公共団体の長があらかじめこれを告示しなければならない。

⑤　前条第５項又は第６項の場合においては、前項の規定にかかわらず、議長が、同条第２項又は第３項の規定による請求において示された会議に付議すべき事件を臨時会に付議すべき事件として、あらかじめ告示しなければならない。

⑥　臨時会の開会中に緊急を要する事件があるときは、前３項の規定にかかわらず、直ちにこれを会議に付議することができる。

⑦　普通地方公共団体の議会の会期及びその延長並びにその開閉に関する事項は、議会がこれを定める。

第102条の２　普通地方公共団体の議会は、前条の規定にかかわらず、条例で定めるところにより、定例会及び臨時会とせず、毎年、条例で定める日から翌年の当該日の前日までを会期とすることができる。

②　前項の議会は、第４項の規定により招集しなければならないものとされる場合を除き、前項の条例で定める日の到来をもつて、普通地方公共団体の長が当該日にこれを招集したものとみなす。

③ 第1項の会期中において、議員の任期が満了したとき、議会が解散されたとき又は議員が全てなくなつたときは、同項の規定にかかわらず、その任期満了の日、その解散の日又はその議員が全てなくなつた日をもつて、会期は終了するものとする。

④ 前項の規定により会期が終了した場合には、普通地方公共団体の長は、同項に規定する事由により行われた一般選挙により選出された議員の任期が始まる日から30日以内に議会を招集しなければならない。この場合においては、その招集の日から同日後の最初の第1項の条例で定める日の前日までを会期とするものとする。

⑤ 第3項の規定は、前項後段に規定する会期について準用する。

⑥ 第1項の議会は、条例で、定期的に会議を開く日（以下「定例日」という。）を定めなければならない。

⑦ 普通地方公共団体の長は、第1項の議会の議長に対し、会議に付議すべき事件を示して定例日以外の日において会議を開くことを請求することができる。この場合において、議長は、当該請求のあつた日から、都道府県及び市にあつては7日以内、町村にあつては3日以内に会議を開かなければならない。

⑧ 第1項の場合における第74条第3項、第121条第1項、第243条の3第2項及び第3項並びに第252条の39第4項の規定の適用については、第74条第3項中「20日以内に議会を招集し、」とあるのは「20日以内に」と、第121条第1項中「議会の審議」とあるのは「定例日に開かれる会議の審議又は議案の審議」と、第243条の3第2項及び第3項中「次の議会」とあるのは「次の定例日に開かれる会議」と、第252条の39第4項中「20日以内に議会を招集し」とあるのは「20日以内に」とする。

第4節　議長及び副議長

第103条 普通地方公共団体の議会は、議員の中から議長及び副議長1人を選挙しなければならない。

② 議長及び副議長の任期は、議員の任期による。

第104条 普通地方公共団体の議会の議長は、議場の秩序を保持し、議事を整理し、議会の事務を統理し、議会を代表する。

第105条 普通地方公共団体の議会の議長は、委員会に出席し、発言すること

ができる。

第105条の2　普通地方公共団体の議会又は議長の処分又は裁決に係る普通地方公共団体を被告とする訴訟については、議長が当該普通地方公共団体を代表する。

第106条　普通地方公共団体の議会の議長に事故があるとき、又は議長が欠けたときは、副議長が議長の職務を行う。

②　議長及び副議長にともに事故があるときは、仮議長を選挙し、議長の職務を行わせる。

③　議会は、仮議長の選任を議長に委任することができる。

第107条　第103条第１項及び前条第２項の規定による選挙を行う場合において、議長の職務を行う者がないときは、年長の議員が臨時に議長の職務を行う。

第108条　普通地方公共団体の議会の議長及び副議長は、議会の許可を得て辞職することができる。但し、副議長は、議会の閉会中においては、議長の許可を得て辞職することができる。

第5節　委員会

第109条　普通地方公共団体の議会は、条例で、常任委員会、議会運営委員会及び特別委員会を置くことができる。

②　常任委員会は、その部門に属する当該普通地方公共団体の事務に関する調査を行い、議案、請願等を審査する。

③　議会運営委員会は、次に掲げる事項に関する調査を行い、議案、請願等を審査する。

一　議会の運営に関する事項

二　議会の会議規則、委員会に関する条例等に関する事項

三　議長の諮問に関する事項

④　特別委員会は、議会の議決により付議された事件を審査する。

⑤　第115条の２の規定は、委員会について準用する。

⑥　委員会は、議会の議決すべき事件のうちその部門に属する当該普通地方公共団体の事務に関するものにつき、議会に議案を提出することができる。ただし、予算については、この限りでない。

⑦　前項の規定による議案の提出は、文書をもつてしなければならない。

⑧　委員会は、議会の議決により付議された特定の事件については、閉会中も、なお、これを審査することができる。

⑨　前各項に定めるもののほか、委員の選任その他委員会に関し必要な事項は、条例で定める。

第110条及び第111条　削除

第6節　会議

第112条　普通地方公共団体の議会の議員は、議会の議決すべき事件につき、議会に議案を提出することができる。但し、予算については、この限りでない。

②　前項の規定により議案を提出するに当たつては、議員の定数の12分の1以上の者の賛成がなければならない。

③　第1項の規定による議案の提出は、文書を以てこれをしなければならない。

第113条　普通地方公共団体の議会は、議員の定数の半数以上の議員が出席しなければ、会議を開くことができない。但し、第117条の規定による除斥のため半数に達しないとき、同一の事件につき再度招集してもなお半数に達しないとき、又は招集に応じても出席議員が定数を欠き議長において出席を催告してもなお半数に達しないとき若しくは半数に達してもその後半数に達しなくなつたときは、この限りでない。

第114条　普通地方公共団体の議会の議員の定数の半数以上の者から請求があるときは、議長は、その日の会議を開かなければならない。この場合において議長がなお会議を開かないときは、第106条第1項又は第2項の例による。

②　前項の規定により会議を開いたとき、又は議員中に異議があるときは、議長は、会議の議決によらない限り、その日の会議を閉じ又は中止することができない。

第115条　普通地方公共団体の議会の会議は、これを公開する。但し、議長又は議員3人以上の発議により、出席議員の3分の2以上の多数で議決したときは、秘密会を開くことができる。

②　前項但書の議長又は議員の発議は、討論を行わないでその可否を決しなければならない。

第115条の２　普通地方公共団体の議会は、会議において、予算その他重要な議案、請願等について公聴会を開き、真に利害関係を有する者又は学識経験を有する者等から意見を聴くことができる。

　②　普通地方公共団体の議会は、会議において、当該普通地方公共団体の事務に関する調査又は審査のため必要があると認めるときは、参考人の出頭を求め、その意見を聴くことができる。

第115条の３　普通地方公共団体の議会が議案に対する修正の動議を議題とするに当たつては、議員の定数の12分の１以上の者の発議によらなければならない。

第116条　この法律に特別の定がある場合を除く外、普通地方公共団体の議会の議事は、出席議員の過半数でこれを決し、可否同数のときは、議長の決するところによる。

　②　前項の場合においては、議長は、議員として議決に加わる権利を有しない。

第117条　普通地方公共団体の議会の議長及び議員は、自己若しくは父母、祖父母、配偶者、子、孫若しくは兄弟姉妹の一身上に関する事件又は自己若しくはこれらの者の従事する業務に直接の利害関係のある事件については、その議事に参与することができない。但し、議会の同意があつたときは、会議に出席し、発言することができる。

第118条　法律又はこれに基づく政令により普通地方公共団体の議会において行う選挙については、公職選挙法第46条第１項及び第４項、第47条、第48条、第68条第１項並びに普通地方公共団体の議会の議員の選挙に関する第95条の規定を準用する。その投票の効力に関し異議があるときは、議会がこれを決定する。

　②　議会は、議員中に異議がないときは、前項の選挙につき指名推選の方法を用いることができる。

　③　指名推選の方法を用いる場合においては、被指名人を以て当選人と定めるべきかどうかを会議に諮り、議員の全員の同意があつた者を以て当選人とする。

　④　１の選挙を以て２人以上を選挙する場合においては、被指名人を区分して前項の規定を適用してはならない。

　⑤　第１項の規定による決定に不服がある者は、決定があつた日から21日

　　　以内に、都道府県にあつては総務大臣、市町村にあつては都道府県知事に
　　　審査を申し立て、その裁決に不服がある者は、裁決のあつた日から21日
　　　以内に裁判所に出訴することができる。

　⑥　第1項の規定による決定は、文書を以てし、その理由を附けてこれを本
　　　人に交付しなければならない。

第119条　会期中に議決に至らなかつた事件は、後会に継続しない。

第120条　普通地方公共団体の議会は、会議規則を設けなければならない。

第121条　普通地方公共団体の長、教育委員会の教育長、選挙管理委員会の委
　　　員長、人事委員会の委員長又は公平委員会の委員長、公安委員会の委員長、
　　　労働委員会の委員、農業委員会の会長及び監査委員その他法律に基づく委
　　　員会の代表者又は委員並びにその委任又は嘱託を受けた者は、議会の審議
　　　に必要な説明のため議長から出席を求められたときは、議場に出席しなけ
　　　ればならない。ただし、出席すべき日時に議場に出席できないことについ
　　　て正当な理由がある場合において、その旨を議長に届け出たときは、この
　　　限りでない。

　②　第102条の2第1項の議会の議長は、前項本文の規定により議場への出
　　　席を求めるに当つては、普通地方公共団体の執行機関の事務に支障を及
　　　ぼすことのないよう配慮しなければならない。

第122条　普通地方公共団体の長は、議会に、第211条第2項に規定する予算
　　　に関する説明書その他当該普通地方公共団体の事務に関する説明書を提出
　　　しなければならない。

第123条　議長は、事務局長又は書記長（書記長を置かない町村においては書
　　　記）に書面又は電磁的記録（電子的方式、磁気的方式その他人の知覚によ
　　　つては認識することができない方式で作られる記録であつて、電子計算機
　　　による情報処理の用に供されるものをいう。以下同じ。）により会議録を
　　　作成させ、並びに会議の次第及び出席議員の氏名を記載させ、又は記録さ
　　　せなければならない。

　②　会議録が書面をもつて作成されているときは、議長及び議会において定
　　　めた2人以上の議員がこれに署名しなければならない。

　③　会議録が電磁的記録をもつて作成されているときは、議長及び議会にお
　　　いて定めた2人以上の議員が当該電磁的記録に総務省令で定める署名に代
　　　わる措置をとらなければならない。

④　議長は、会議録が書面をもつて作成されているときはその写しを、会議録が電磁的記録をもつて作成されているときは当該電磁的記録に記録された事項を記載した書面又は当該事項を記録した磁気ディスク（これに準ずる方法により一定の事項を確実に記録することができる物を含む。）を添えて会議の結果を普通地方公共団体の長に報告しなければならない。

第７節　請願

第124条　普通地方公共団体の議会に請願しようとする者は、議員の紹介により請願書を提出しなければならない。

第125条　普通地方公共団体の議会は、その採択した請願で当該普通地方公共団体の長、教育委員会、選挙管理委員会、人事委員会若しくは公平委員会、公安委員会、労働委員会、農業委員会又は監査委員その他法律に基づく委員会又は委員において措置することが適当と認めるものは、これらの者にこれを送付し、かつ、その請願の処理の経過及び結果の報告を請求することができる。

第８節　議員の辞職及び資格の決定

第126条　普通地方公共団体の議会の議員は、議会の許可を得て辞職することができる。但し、閉会中においては、議長の許可を得て辞職することができる。

第127条　普通地方公共団体の議会の議員が被選挙権を有しない者であるとき、又は第92条の２（第287条の２第７項において準用する場合を含む。以下この項において同じ。）の規定に該当するときは、その職を失う。その被選挙権の有無又は第92条の２の規定に該当するかどうかは、議員が公職選挙法第11条、第11条の２若しくは第252条又は政治資金規正法第28条の規定に該当するため被選挙権を有しない場合を除くほか、議会がこれを決定する。この場合においては、出席議員の３分の２以上の多数によりこれを決定しなければならない。

②　前項の場合においては、議員は、第117条の規定にかかわらず、その会議に出席して自己の資格に関し弁明することはできるが決定に加わることができない。

③　第118条第５項及び第６項の規定は、第１項の場合について準用する。

第128条　普通地方公共団体の議会の議員は、公職選挙法第202条第1項若し
　　　　くは第206条第1項の規定による異議の申出、同法第202条第2項若しく
　　　　は第206条第2項の規定による審査の申立て、同法第203条第1項、第
　　　　207条第1項、第210条若しくは第211条の訴訟の提起に対する決定、裁
　　　　決又は判決が確定するまでの間（同法第210条第1項の規定による訴訟を
　　　　提起することができる場合において、当該訴訟が提起されなかつたとき、
　　　　当該訴訟についての訴えを却下し若しくは訴状を却下する裁判が確定した
　　　　とき、又は当該訴訟が取り下げられたときは、それぞれ同項に規定する出
　　　　訴期間が経過するまで、当該裁判が確定するまで又は当該取下げが行われ
　　　　るまでの間）は、その職を失わない。

　第9節　紀律

第129条　普通地方公共団体の議会の会議中この法律又は会議規則に違反しそ
　　　　の他議場の秩序を乱す議員があるときは、議長は、これを制止し、又は発
　　　　言を取り消させ、その命令に従わないときは、その日の会議が終るまで発
　　　　言を禁止し、又は議場の外に退去させることができる。
　②　　議長は、議場が騒然として整理することが困難であると認めるときは、
　　　　その日の会議を閉じ、又は中止することができる。
第130条　傍聴人が公然と可否を表明し、又は騒ぎ立てる等会議を妨害すると
　　　　きは、普通地方公共団体の議会の議長は、これを制止し、その命令に従わ
　　　　ないときは、これを退場させ、必要がある場合においては、これを当該警
　　　　察官に引き渡すことができる。
　②　　傍聴席が騒がしいときは、議長は、すべての傍聴人を退場させることが
　　　　できる。
　③　　前2項に定めるものを除くほか、議長は、会議の傍聴に関し必要な規則
　　　　を設けなければならない。
第131条　議場の秩序を乱し又は会議を妨害するものがあるときは、議員は、
　　　　議長の注意を喚起することができる。
第132条　普通地方公共団体の議会の会議又は委員会においては、議員は、無
　　　　礼の言葉を使用し、又は他人の私生活にわたる言論をしてはならない。
第133条　普通地方公共団体の議会の会議又は委員会において、侮辱を受けた
　　　　議員は、これを議会に訴えて処分を求めることができる。

第10節　懲罰

第134条　普通地方公共団体の議会は、この法律並びに会議規則及び委員会に関する条例に違反した議員に対し、議決により懲罰を科することができる。

②　懲罰に関し必要な事項は、会議規則中にこれを定めなければならない。

第135条　懲罰は、左の通りとする。

一　公開の議場における戒告

二　公開の議場における陳謝

三　一定期間の出席停止

四　除名

②　懲罰の動議を議題とするに当つては、議員の定数の8分の1以上の者の発議によらなければならない。

③　第1項第4号の除名については、当該普通地方公共団体の議会の議員の3分の2以上の者が出席し、その4分の3以上の者の同意がなければならない。

第136条　普通地方公共団体の議会は、除名された議員で再び当選した議員を拒むことができない。

第137条　普通地方公共団体の議会の議員が正当な理由がなくて招集に応じないため、又は正当な理由がなくて会議に欠席したため、議長が、特に招状を発しても、なお故なく出席しない者は、議長において、議会の議決を経て、これに懲罰を科することができる。

第11節　議会の事務局及び事務局長、書記長、書記その他の職員

第138条　都道府県の議会に事務局を置く。

②　市町村の議会に条例の定めるところにより、事務局を置くことができる。

③　事務局に事務局長、書記その他の職員を置く。

④　事務局を置かない市町村の議会に書記長、書記その他の職員を置く。ただし、町村においては、書記長を置かないことができる。

⑤　事務局長、書記長、書記その他の職員は、議長がこれを任免する。

⑥　事務局長、書記長、書記その他の常勤の職員の定数は、条例でこれを定める。ただし、臨時の職については、この限りでない。

⑦　事務局長及び書記長は議長の命を受け、書記その他の職員は上司の指揮を受けて、議会に関する事務に従事する。

⑧　事務局長、書記長、書記その他の職員に関する任用、人事評価、給与、勤務時間その他の勤務条件、分限及び懲戒、服務、退職管理、研修、福祉及び利益の保護その他身分取扱いに関しては、この法律に定めるものを除くほか、地方公務員法の定めるところによる。

第7章　執行機関

第2節　普通地方公共団体の長

第4款　議会との関係

第176条　普通地方公共団体の議会の議決について異議があるときは、当該普通地方公共団体の長は、この法律に特別の定めがあるものを除くほか、その議決の日（条例の制定若しくは改廃又は予算に関する議決については、その送付を受けた日）から10日以内に理由を示してこれを再議に付することができる。

②　前項の規定による議会の議決が再議に付された議決と同じ議決であるときは、その議決は、確定する。

③　前項の規定による議決のうち条例の制定若しくは改廃又は予算に関するものについては、出席議員の3分の2以上の者の同意がなければならない。

④　普通地方公共団体の議会の議決又は選挙がその権限を超え又は法令若しくは会議規則に違反すると認めるときは、当該普通地方公共団体の長は、理由を示してこれを再議に付し又は再選挙を行わせなければならない。

⑤　前項の規定による議会の議決又は選挙がなおその権限を超え又は法令若しくは会議規則に違反すると認めるときは、都道府県知事にあつては総務大臣、市町村長にあつては都道府県知事に対し、当該議決又は選挙があつた日から21日以内に、審査を申し立てることができる。

⑥　前項の規定による申立てがあつた場合において、総務大臣又は都道府県知事は、審査の結果、議会の議決又は選挙がその権限を超え又は法令若しくは会議規則に違反すると認めるときは、当該議決又は選挙を取り消す旨の裁定をすることができる。

⑦　前項の裁定に不服があるときは、普通地方公共団体の議会又は長は、裁定のあつた日から60日以内に、裁判所に出訴することができる。

⑧　前項の訴えのうち第4項の規定による議会の議決又は選挙の取消しを求めるものは、当該議会を被告として提起しなければならない。

第177条 普通地方公共団体の議会において次に掲げる経費を削除し又は減額する議決をしたときは、その経費及びこれに伴う収入について、当該普通地方公共団体の長は、理由を示してこれを再議に付さなければならない。

　一　法令により負担する経費、法律の規定に基づき当該行政庁の職権により命ずる経費その他の普通地方公共団体の義務に属する経費

　二　非常の災害による応急若しくは復旧の施設のために必要な経費又は感染症予防のために必要な経費

② 前項第１号の場合において、議会の議決がなお同号に掲げる経費を削除し又は減額したときは、当該普通地方公共団体の長は、その経費及びこれに伴う収入を予算に計上してその経費を支出することができる。

③ 第１項第２号の場合において、議会の議決がなお同号に掲げる経費を削除し又は減額したときは、当該普通地方公共団体の長は、その議決を不信任の議決とみなすことができる。

第178条 普通地方公共団体の議会において、当該普通地方公共団体の長の不信任の議決をしたときは、直ちに議長からその旨を当該普通地方公共団体の長に通知しなければならない。この場合においては、普通地方公共団体の長は、その通知を受けた日から10日以内に議会を解散することができる。

② 議会において当該普通地方公共団体の長の不信任の議決をした場合において、前項の期間内に議会を解散しないとき、又はその解散後初めて招集された議会において再び不信任の議決があり、議長から当該普通地方公共団体の長に対しその旨の通知があつたときは、普通地方公共団体の長は、同項の期間が経過した日又は議長から通知があつた日においてその職を失う。

③ 前２項の規定による不信任の議決については、議員数の３分の２以上の者が出席し、第１項の場合においてはその４分の３以上の者の、前項の場合においてはその過半数の者の同意がなければならない。

第179条 普通地方公共団体の議会が成立しないとき、第113条ただし書の場合においてなお会議を開くことができないとき、普通地方公共団体の長において議会の議決すべき事件について特に緊急を要するため議会を招集する時間的余裕がないことが明らかであると認めるとき、又は議会において議決すべき事件を議決しないときは、当該普通地方公共団体の長は、その議決すべき事件を処分することができる。ただし、第162条の規定による

　　副知事又は副市町村長の選任の同意及び第252条の20の2第4項の規定
　　による第252条の19第1項に規定する指定都市の総合区長の選任の同意
　　については、この限りでない。
②　議会の決定すべき事件に関しては、前項の例による。
③　前2項の規定による処置については、普通地方公共団体の長は、次の会
　　議においてこれを議会に報告し、その承認を求めなければならない。
④　前項の場合において、条例の制定若しくは改廃又は予算に関する処置に
　　ついて承認を求める議案が否決されたときは、普通地方公共団体の長は、
　　速やかに、当該処置に関して必要と認める措置を講ずるとともに、その旨
　　を議会に報告しなければならない。
第180条　普通地方公共団体の議会の権限に属する軽易な事項で、その議決に
　　より特に指定したものは、普通地方公共団体の長において、これを専決処
　　分にすることができる。
②　前項の規定により専決処分をしたときは、普通地方公共団体の長は、こ
　　れを議会に報告しなければならない。

○標準市議会会議規則

第1章　会議

第1節　総則

（参集）

第1条　議員は、招集の当日開議定刻前に議事堂に参集し、その旨を議長に通告しなければならない。

（欠席の届出）

第2条　議員は、公務、疾病、育児、看護、介護、配偶者の出産補助その他のやむを得ない事由のため出席できないときは、その理由を付け、当日の開議時刻までに議長に届け出なければならない。

　②　議員は、出産のため出席できないときは、出産予定日の6週間（多胎妊娠の場合にあっては、14週間）前の日から当該出産の日後8週間を経過する日までの範囲内において、その期間を明らかにして、あらかじめ議長に欠席届を提出することができる。

（宿所又は連絡所の届出）

第3条　議員は、別に宿所又は連絡所を定めたときは、議長に届け出なければならない。これを変更したときもまた同様とする。

（議席）

第4条　議員の議席は、一般選挙後最初の会議において、議長が定める。

　②　一般選挙後新たに選挙された議員の議席は、議長が定める。

　③　議長は、必要があると認めるときは、討論を用いないで会議にはかって議席を変更することができる。

　④　議席には、番号及び氏名標を付ける。

（会期）

第5条　会期は、毎会期の初めに議会の議決で定める。

　②　会期は、招集された日から起算する。

（会期の延長）

第6条　会期は、議会の議決で延長することができる。

（会期中の閉会）

第7条　会議に付された事件をすべて議了したときは、会期中でも議会の議決で閉会することができる。

（議会の開閉）

第8条　議会の開閉は、議長が宣告する。

（会議時間）

第9条　会議時間は、午　○時から午　○時までとする。

　②　議長は、必要があると認めるときは、会議時間を変更することができる。ただし、出席議員○人以上から異議があるときは、討論を用いないで会議にはかって決める。

　③　会議の開始は、号鈴で報ずる。

（休会）

第10条　市の休日は、休会とする。（参考）

　②　議事の都合その他必要があるときは、議会は、議決で休会とすることができる。

　③　議長が特に必要があると認めるときは、休会の日でも会議を開くことができる。

　④　地方自治法（昭和22年法律第67号。以下「法」という。）第114条第1項の規定による請求があった場合のほか、議会の議決があったときは、議長は、休会の日でも会議を開かなければならない。

（会議の開閉）

第11条　開議、散会、延会、中止又は休憩は、議長が宣告する。

　②　議長が開議を宣告する前又は散会、延会、中止若しくは休憩を宣告した後は、何人も、議事について発言することができない。

（定足数に関する措置）

第12条　開議時刻後相当の時間を経ても、なお出席議員が定足数に達しないときは、議長は、延会を宣告することができる。（参考）

　②　会議中定足数を欠くに至るおそれがあると認めるときは、議長は、議員の退席を制止し、又は議場外の議員に出席を求めることができる。

　③　会議中定足数を欠くに至ったときは、議長は、休憩又は延会を宣告する。

（出席催告）

第13条　法第113条の規定による出席催告の方法は、議事堂に現在する議員又は議員の住所（別に宿所又は連絡所の届出をした者については、当該届出の宿所又は連絡所）に、文書又は口頭をもって行なう。

第2節　議案及び動議

（議案の提出）

第14条　議員が議案を提出しようとするときは、その案をそなえ、理由を付け、法第112条第2項の規定によるものについては所定の賛成者とともに連署し、その他のものについては○人以上の賛成者とともに連署して、議長に提出しなければならない。

②　委員会が議案を提出しようとするときは、その案をそなえ、理由を付け、委員長が議長に提出しなければならない。

（一事不再議）

第15条　議会で議決された事件については、同一会期中は再び提出することができない。（参考）

（動議成立に必要な賛成者の数）

第16条　動議は、法又はこの規則において特別の規定がある場合を除くほか、他に○人以上の賛成者がなければ議題とすることができない。

（修正の動議）

第17条　修正の動議は、その案をそなえ、法第115条の3の規定によるものについては所定の発議者が連署し、その他のものについては○人以上の賛成者とともに連署して、議長に提出しなければならない。

（先決動議の表決の順序）

第18条　他の事件に先立って表決に付さなければならない動議が競合したときは、議長が表決の順序を決める。ただし、出席議員○人以上から異議があるときは、討論を用いないで会議にはかって決める。

（事件の撤回又は訂正及び動議の撤回）

第19条　会議の議題となった事件を撤回し、又は訂正しようとするとき及び会議の議題となった動議を撤回しようとするときは、議会の承認を要する。

②　議員が提出した事件及び動議につき前項の承認を求めようとするときは、提出者から請求しなければならない。

③　委員会が提出した議案につき第1項の承認を求めようとするときは、委員会の承認を得て委員長から請求しなければならない。

第3節　議事日程

（日程の作成及び配布）

第20条　議長は、開議の日時、会議に付する事件及びその順序等を記載した議事日程を定め、あらかじめ議員に配布する。ただし、やむを得ないときは、議長がこれを報告して配布にかえることができる。

（日程の順序変更及び追加）

第21条　議長が必要があると認めるとき又は議員から動議が提出されたときは、議長は、討論を用いないで会議にはかって、議事日程の順序を変更し、又は他の事件を追加することができる。

（議事日程のない会議の通知）

第22条　議長は、必要があると認めるときは、開議の日時のみを議員に通知して会議を開くことができる。

②　前項の場合、議長は、その開議までに議事日程を定めなければならない。

（延会の場合の議事日程）

第23条　議事日程に記載した事件の議事を開くに至らなかったとき、又はその議事が終らなかったときは、議長は、更にその日程を定めなければならない。

（日程の終了及び延会）

第24条　議事日程に記載した事件の議事を終ったときは、議長は、散会を宣告する。

②　議事日程に記載した事件の議事が終らない場合でも、議長が必要があると認めるとき又は議員から動議が提出されたときは、議長は、討論を用いないで会議にはかって延会することができる。

第4節　選挙

（選挙の宣告）

第25条　議会において選挙を行なうときは、議長は、その旨を宣告する。

（不在議員）

第26条　選挙を行なう際議場にいない議員は、選挙に加わることができない。

（議場の出入口閉鎖）

第27条　投票による選挙を行なうときは、議長は、第25条（選挙の宣告）の規定による宣告の後、議場の出入口を閉鎖し、出席議員数を報告する。

（投票用紙の配布及び投票箱の点検）

第28条　投票を行なうときは、議長は、職員をして議員に所定の投票用紙を配布させた後、配布漏れの有無を確かめなければならない。

②　議長は、職員をして投票箱を改めさせなければならない。

（投票）

第29条　議員は、職員の点呼に応じて、順次、投票を備え付けの投票箱に投入する。

（投票の終了）

第30条　議長は、投票が終ったと認めるときは、投票漏れの有無を確かめ、投票の終了を宣告する。その宣告があった後は、投票することができない。

（開票及び投票の効力）

第31条　議長は、開票を宣告した後、○人以上の立会人とともに投票を点検しなければならない。

②　前項の立会人は、議長が、議員の中から指名する。

③　投票の効力は、立会人の意見を聞いて議長が決定する。

（選挙結果の報告）

第32条　議長は、選挙の結果を直ちに議場において報告する。

②　議長は、当選人に当選の旨を告知しなければならない。

（選挙関係書類の保存）

第33条　議長は、投票の有効無効を区別し、当該当選人の任期間、関係書類とともにこれを保存しなければならない。

第5節　議事

（議題の宣告）

第34条　会議に付する事件を議題とするときは、議長は、その旨を宣告する。

（一括議題）

第35条　議長は、必要があると認めるときは、2件以上の事件を一括して議題とすることができる。ただし、出席議員○人以上から異議があるときは、討論を用いないで会議にはかって決める。

（議案等の朗読）

第36条　議長は、必要があると認めるときは、議題になった事件を職員をして朗読させる。

（議案等の説明、質疑及び委員会付託）

第37条　会議に付する事件は、第141条（請願の委員会付託）に規定する場合を除き、会議において提出者の説明を聞き、議員の質疑があるときは質疑の後、議長が所管の常任委員会又は議会運営委員会に付託する。ただし常任委員会に係る事件は、議会の議決で特別委員会に付託することができる。

②　委員会提出の議案は、委員会に付託しない。ただし、議長が必要があると認めるときは、議会の議決で、議会運営委員会に係る議案は議会運営委員会に、常任委員会又は特別委員会に係る議案は常任委員会又は特別委員会に付託することができる。

③　前2項における提出者の説明及び第1項における委員会の付託は、討論を用いないで会議にはかって省略することができる。

（付託事件を議題とする時期）

第38条　委員会に付託した事件は、その審査又は調査の終了をまって議題とする。

（委員長の報告及び少数意見者の報告）

第39条　委員会が審査又は調査をした事件が議題となったときは、委員長がその経過及び結果を報告し、ついで少数意見者が少数意見の報告をする。

②　少数意見が2個以上あるときの報告の順序は、議長が決める。

③　第1項の報告は、討論を用いないで会議にはかって省略することができる。

④　委員長の報告及び少数意見者の報告には、自己の意見を加えてはならない。

（修正案の説明）

第40条　委員長の報告及び少数意見者の報告が終わったとき又は委員会への付託を省略したときは、議長は、修正案の説明をさせる。

（委員長報告等に対する質疑）

第41条　議員は、委員長及び少数意見を報告した者に対し、質疑をすることができる。修正案に関しては、事件又は修正案の提出者及び説明のための出席者に対しても、また同様とする。

（討論及び表決）

第42条　議長は、前条の質疑が終わったときは討論に付し、その終結の後、表

決に付する。

（議決事件の字句及び数字等の整理）

第43条　議会は、議決の結果、条項、字句、数字その他の整理を必要とするときは、これを議長に委任することができる。

（委員会の審査又は調査期限）

第44条　議会は、必要があると認めるときは、委員会に付託した事件の審査又は調査につき期限を付けることができる。ただし、委員会は、期限の延期を議会に求めることができる。

②　前項の期限までに審査を終らなかったときは、その事件は、第38条（付託事件を議題とする時期）の規定にかかわらず、会議において審議することができる。

（委員会の中間報告）

第45条　議会は、委員会の審査又は調査中の事件について、特に必要があると認めるときは、中間報告を求めることができる。（参考）

②　委員会は、その審査又は調査中の事件について、特に必要があると認めるときは、中間報告をすることができる。

（再付託）

第46条　委員会の審査又は調査を経て報告された事件について、なお審査又は調査の必要があると認めるときは、議会は、更にその事件を同一の委員会又は他の委員会に付託することができる。（参考）

（議事の継続）

第47条　延会、中止又は休憩のため事件の議事が中断された場合において、再びその事件が議題となったときは、前の議事を継続する。

第6節　秘密会

（指定者以外の者の退場）

第48条　秘密会を開く議決があったときは、議長は、傍聴人及び議長の指定する者以外の者を議場の外に退去させなければならない。

（秘密の保持）

第49条　秘密会の議事の記録は、公表しない。

②　秘密会の議事は、何人も秘密性の継続する限り、他に漏らしてはならない。

第7節 発言

（発言の許可等）

第50条 発言は、すべて議長の許可を得た後、登壇してしなければならない。
ただし、簡易な事項については、議席で発言することができる。

② 議長は、議席で発言する議員を登壇させることができる。

（発言の通告及び順序）

第51条 会議において発言しようとする者は、あらかじめ議長に発言通告書
を提出しなければならない。ただし、議事進行、一身上の弁明等について
は、この限りでない。

② 発言通告書には、質疑についてはその要旨、討論については反対又は賛
成の別を記載しなければならない。

③ 発言の順序は、議長が決める。

④ 発言の通告をした者が欠席したとき、又は発言の順位に当っても発言し
ないとき、若しくは議場に現在しないときは、その通告は効力を失う。

（発言の通告をしない者の発言）

第52条 発言の通告をしない者は、通告した者がすべて発言を終った後でな
ければ発言を求めることができない。

② 発言の通告をしない者が発言しようとするときは、起立して「議長」と
呼び、自己の氏名を告げ、議長の許可を得なければならない。

③ 2人以上起立して発言を求めたときは、議長は、先起立者と認める者か
ら指名する。

（討論の方法）

第53条 討論については、議長は、最初に反対者を発言させ、次に賛成者と
反対者をなるべく交互に指名して発言させなければならない。

（議長の発言討論）

第54条 議長が議員として発言しようとするときは、議席に着き発言し、発
言が終った後、議長席に復さなければならない。ただし、討論をしたとき
は、その議題の表決が終るまでは、議長席に復することができない。

（発言内容の制限）

第55条 発言は、すべて簡明にするものとし、議題外にわたり又はその範囲
をこえてはならない。

② 議長は、発言が前項の規定に反すると認めるときは、注意し、なお従わ

　　ない場合は発言を禁止することができる。

　③　議員は、質疑に当たっては、自己の意見を述べることができない。

（質疑の回数）

第56条　質疑は、同一議員につき、同一議題について○回をこえることがで
　　きない。ただし、特に議長の許可を得たときは、この限りでない。

（発言時間の制限）

第57条　議長は、必要があると認めるときは、あらかじめ発言時間を制限す
　　ることができる。

　②　議長の定めた時間の制限について、出席議員○人以上から異議があると
　　きは、議長は、討論を用いないで会議にはかって決める。

（議事進行に関する発言）

第58条　議事進行に関する発言は、議題に直接関係のあるもの又は直ちに処
　　理する必要があるものでなければならない。

　②　議事進行に関する発言がその趣旨に反すると認めるときは、議長は、直
　　ちに制止しなければならない。

（発言の継続）

第59条　延会、中止又は休憩のため発言が終らなかった議員は、更にその議
　　事を始めたときは、前の発言を続けることができる。

（質疑又は討論の終結）

第60条　質疑又は討論が終ったときは、議長は、その終結を宣告する。

　②　質疑又は討論が続出して容易に終結しないときは、議員は、質疑又は討
　　論終結の動議を提出することができる。

　③　質疑又は討論終結の動議については、議長は、討論を用いないで会議に
　　はかって決める。

（選挙及び表決時の発言制限）

第61条　選挙及び表決の宣告後は、何人も発言を求めることができない。た
　　だし、選挙及び表決の方法についての発言は、この限りでない。

（一般質問）

第62条　議員は、市の一般事務について、議長の許可を得て質問することが
　　できる。

　②　質問者は、議長の定めた期間内に、議長にその要旨を文書で通告しなけ
　　ればならない。

（緊急質問等）

第63条 質問が緊急を要するときその他真にやむを得ないと認められるとき
は、前条の規定にかかわらず、議会の同意を得て質問することができる。

② 前項の同意については、議長は、討論を用いないで会議にはからなけれ
ばならない。

③ 第1項の質問がその趣旨に反すると認めるときは、議長は、直ちに制止
しなければならない。

（準用規定）

第64条 質問については、第56条（質疑の回数）及び第60条（質疑又は討論
の終結）の規定を準用する。

（発言の取消し又は訂正）

第65条 発言した議員は、その会期中に限り、議会の許可を得て発言を取り
消し又は議長の許可を得て発言の訂正をすることができる。ただし、発言
の訂正は、字句に限るものとし、発言の趣旨を変更することはできない。

（答弁書の配布）

第66条 市長その他の関係機関が、質疑及び質問に対し、直ちに答弁しがた
い場合において答弁書を提出したときは、議長は、その写を議員に配布す
る。ただし、やむを得ないときは、朗読をもって配布にかえることができ
る。

第8節 表決

（表決問題の宣告）

第67条 議長は、表決をとろうとするときは、表決に付する問題を宣告する。

（不在議員）

第68条 表決の際議場にいない議員は、表決に加わることができない。

（条件の禁止）

第69条 表決には、条件を附けることができない。

（起立による表決）

第70条 議長が表決をとろうとするときは、問題を可とする者を起立させ、
起立者の多少を認定して可否の結果を宣告する。

② 議長が起立者の多少を認定しがたいとき、又は議長の宣告に対して出席
議員〇人以上から異議があるときは、議長は、記名又は無記名の投票で表

決をとらなければならない。

（投票による表決）

第71条 議長が必要があると認めるとき、又は出席議員○人以上から要求があるときは、記名又は無記名の投票で表決をとる。

② 同時に前項の記名投票と無記名投票の要求があるときは、議長は、いずれの方法によるかを無記名投票で決める。

（記名投票）

第72条 記名投票を行なう場合には、問題を可とする者は所定の白票を、問題を否とする者は所定の青票を投票箱に投入しなければならない。

（無記名投票）

第73条 無記名投票を行なう場合には、問題を可とする者は賛成と、問題を否とする者は反対と所定の投票用紙に記載し、投票箱に投入しなければならない。

② 無記名投票による表決において、賛否を表明しない投票及び賛否が明らかでない投票は、否とみなす。（参考）

（選挙規定の準用）

第74条 記名投票又は無記名投票を行なう場合には、第27条（議場の出入口閉鎖）、第28条（投票用紙の配布及び投票箱の点検）、第29条（投票）、第30条（投票の終了）、第31条（開票及び投票の効力）、第32条（選挙結果の報告）第1項及び第33条（選挙関係書類の保存）の規定を準用する。

（表決の訂正）

第75条 議員は、自己の表決の訂正を求めることができない。

（簡易表決）

第76条 議長は、問題について異議の有無を会議にはかることができる。異議がないと認めるときは、議長は、可決の旨を宣告する。ただし、議長の宣告に対して、出席議員○人以上から異議があるときは、議長は、起立の方法で表決をとらなければならない。

（表決の順序）

第77条 議員の提出した修正案は、委員会の修正案より先に表決をとらなければならない。

② 同一の議題について、議員から数個の修正案が提出されたときは、議長が表決の順序を決める。その順序は、原案に最も遠いものから先に表決を

とる。ただし、表決の順序について出席議員○人以上から異議があるとき
は、議長は、討論を用いないで会議にはかって決める。

③　修正案がすべて否決されたときは、原案について表決をとる。

第9節　公聴会、参考人

（公聴会開催の手続）

第78条　会議において公聴会を開く議決があつたときは、議長は、その日時、
場所及び意見を聴こうとする案件その他必要な事項を公示する。

（意見を述べようとする者の申出）

第79条　公聴会に出席して意見を述べようとする者は、文書であらかじめそ
の理由及び案件に対する賛否を、議長に申し出なければならない。

（公述人の決定）

第80条　公聴会において意見を聴こうとする利害関係者及び学識経験者等（以
下「公述人」という。）は、あらかじめ文書で申し出た者及びその他の者
の中から、議会において定め、議長から本人にその旨を通知する。

②　あらかじめ申し出た者の中に、その案件に対して、賛成者及び反対者が
あるときは、一方に偏らないように公述人を選ばなければならない。

（公述人の発言）

第81条　公述人が発言しようとするときは、議長の許可を得なければならな
い。

②　公述人の発言は、その意見を聴こうとする案件の範囲を超えてはならな
い。

③　公述人の発言がその範囲を超え、又は公述人に不穏当な言動があるとき
は、議長は、発言を制止し、又は退席させることができる。

（議員と公述人の質疑）

第82条　議員は、公述人に対して質疑をすることができる。

②　公述人は、議員に対して質疑をすることができない。

（代理人又は文書による意見の陳述）

第83条　公述人は、代理人に意見を述べさせ、又は文書で意見を提示するこ
とができない。ただし、議会が特に許可した場合は、この限りでない。

（参考人）

第84条　会議において参考人の出席を求める議決があつたときは、議長は、

参考人にその日時、場所及び意見を聴こうとする案件その他必要な事項を通知しなければならない。

② 参考人については、第81条、第82条及び第83条の規定を準用する。

第10節 会議録

（会議録の記載事項）

第85条 会議録に記載し、又は記録する事項は、次のとおりとする。

1 開会及び閉会に関する事項並びにその年月日時

2 開議、散会、延会、中止及び休憩の日時

3 出席及び欠席議員の氏名

4 職務のため議場に出席した事務局職員の職氏名

5 説明のため出席した者の職氏名

6 議事日程

7 議長の諸報告

8 議員の異動並びに議席の指定及び変更

9 委員会報告書及び少数意見報告書

10 会議に付した事件

11 議案の提出、撤回及び訂正に関する事項

12 選挙の経過

13 議事の経過

14 記名投票における賛否の氏名

15 その他議長又は議会において必要と認めた事項

② 議事は、速記法によって速記する。

（会議録の配布）

第86条 会議録は、議員及び関係者に配布（会議録が電磁的記録をもって作成されている場合にあっては、電磁的方法による提供を含む。）する。（参考）

（会議録に掲載しない事項）

第87条 前条の会議録には、秘密会の議事並びに議長が取消しを命じた発言及び第65条（発言の取消し又は訂正）の規定により取り消した発言は、掲載しない。（参考）

（会議録署名議員）

第88条　会議録に署名する議員（会議録が電磁的記録をもって作成されている場合にあっては、法第123条第3項に規定する署名に代わる措置をとる議員）は、○人とし、議長が会議において指名する。

（会議録の保存年限）

第89条　会議録の保存年限は、永年とする。（参考）

第2章　委員会

第1節　総則

（議長への通知）

第90条　委員会を招集しようとするときは、委員長は、開会の日時、場所、事件等をあらかじめ議長に通知しなければならない。

（欠席の届出）

第91条　委員は、公務、疾病、育児、看護、介護、配偶者の出産補助その他のやむを得ない事由のため出席できないときは、その理由を付け、当日の開議時刻までに委員長に届け出なければならない。

②　委員は、出産のため出席できないときは、出産予定日の6週間（多胎妊娠の場合にあっては、14週間）前の日から当該出産の日後8週間を経過する日までの範囲内において、その期間を明らかにして、あらかじめ委員長に欠席届を提出することができる。

（会議中の委員会の禁止）

第92条　委員会は、議会の会議中は、開くことができない。

（会議の開閉）

第93条　開議、散会、中止又は休憩は、委員長が宣告する。

②　委員長が開議を宣告する前又は散会、中止若しくは休憩を宣告した後は、何人も、議事について発言することができない。

（定足数に関する措置）

第94条　開議時刻後相当の時間を経ても、なお出席委員が定足数に達しないときは、委員長は散会を宣告することができる。

②　会議中定足数を欠くに至るおそれがあると認めるときは、委員長は委員の退席を制止し、又は会議室外の委員に出席を求めることができる。

③　会議中定足数を欠くに至ったときは、委員長は、休憩又は散会を宣告する。（参考）

第2節　審査
（議題の宣告）
第95条　会議に付する事件を議題とするときは、委員長は、その旨を宣告する。
（一括議題）
第96条　委員長は、必要があると認めるときは、2件以上の事件を一括して議題とすることができる。ただし、出席委員から異議があるときは、討論を用いないで会議にはかって決める。
（議案等の朗読）
第97条　委員長は、必要があると認めるときは、議題になった事件を職員をして朗読させる。
（審査順序）
第98条　委員会における事件の審査は、提出者の説明及び委員の質疑の後、修正案の説明及びこれに対する質疑、討論、表決の順序によって行なうを例とする。
（先決動議の表決順序）
第99条　他の事件に先立って表決に付さなければならない動議が競合したときは、委員長が表決の順序を決める。ただし、出席委員から異議があるときは、討論を用いないで会議にはかって決める。
（動議の撤回）
第100条　提出者が会議の議題となった動議を撤回しようとするときは、委員会の承認を要する。
（委員の議案修正）
第101条　委員が修正案を発議しようとするときは、その案をあらかじめ委員長に提出しなければならない。
（分科会又は小委員会）
第102条　委員会は、審査又は調査のため必要があると認めるときは、分科会又は小委員会を設けることができる。
（連合審査会）
第103条　委員会は、審査又は調査のため必要があると認めるときは、他の委員会と協議して、連合審査会を開くことができる。
（証人出頭又は記録提出の要求）
第104条　委員会は、法第100条の規定による調査を委託された場合において、

証人の出頭又は記録の提出を求めようとするときは、議長に申し出なければならない。

（所管事務等の調査）

第105条　常任委員会は、その所管に属する事務について調査しようとするときは、その事項、目的、方法及び期間等をあらかじめ議長に通知しなければならない。

②　議会運営委員会が法第109条第３項に規定する調査をしようとするときは、前項の規定を準用する。

（委員の派遣）

第106条　委員会は、審査又は調査のため委員を派遣しようとするときは、その日時、場所、目的及び経費等を記載した派遣承認要求書を議長に提出し、あらかじめ承認を得なければならない。

（議事の継続）

第107条　会議が中止又は休憩のため事件の議事が中断された場合において、再びその事件が議題となったときは、前の議事を継続する。

（少数意見の留保）

第108条　委員は、委員会において少数で廃棄された意見で他に出席委員１人以上の賛成があるものは、これを少数意見として留保することができる。

②　前項の規定により少数意見を留保した者がその意見を議会に報告しようとする場合においては、簡明な少数意見報告書を作り、委員会の報告書が提出されるまでに、委員長を経て議長に提出しなければならない。

（議決事件の字句及び数字等の整理）

第109条　委員会は、議決の結果、条項、字句、数字その他の整理を必要とするときは、これを委員長に委任することができる。

（委員会報告書）

第110条　委員会は、事件の審査又は調査を終ったときは、報告書を作り、委員長から議長に提出しなければならない。

（閉会中の継続審査）

第111条　委員会は、閉会中もなお審査又は調査を継続する必要があると認めるときは、その理由を附け、委員長から議長に申し出なければならない。

第3節　秘密会

（指定者以外の者の退場）

第112条　秘密会を開く議決があったときは、委員長は、傍聴人及び委員長の指定する者以外の者を会議室の外に退去させなければならない。

（秘密の保持）

第113条　秘密会の議事の記録は、公表しない。

② 　秘密会の議事は、何人も秘密性の継続する限り、他に漏らしてはならない。

第4節　発言

（発言の許可）

第114条　委員は、すべて委員長の許可を得た後でなければ発言することができない。

（委員の発言）

第115条　委員は、議題について自由に質疑し及び意見を述べることができる。ただし、委員会において別に発言の方法を決めたときは、この限りでない。

（発言内容の制限）

第116条　発言はすべて、簡明にするものとして、議題外にわたり又はその範囲をこえてはならない。

② 　委員長は、発言が前項の規定に反すると認めるときは注意し、なお従わない場合は発言を禁止することができる。

（委員外議員の発言）

第117条　委員会は、審査又は調査中の事件について、必要があると認めるときは、委員でない議員に対し、その出席を求めて説明又は意見を聞くことができる。

② 　委員会は、委員でない議員から発言の申し出があったときは、その許否を決める。

（委員長の発言）

第118条　委員長が、委員として発言しようとするときは、委員席に着き発言し、発言が終った後、委員長席に復さなければならない。ただし、討論をしたときは、その議題の表決が終るまでは、委員長席に復することができない。

（発言時間の制限）

第119条　委員長は、必要があると認めるときは、あらかじめ発言時間を制限することができる。

②　委員長の定めた時間の制限について、出席委員から異議があるときは、委員長は、討論を用いないで会議にはかって決める。

（議事進行に関する発言）

第120条　議事進行に関する発言は、議題に直接関係のあるもの又は直ちに処理する必要があるものでなければならない。

②　議事進行に関する発言がその趣旨に反すると認めるときは、委員長は、直ちに制止しなければならない。（参考）

（発言の継続）

第121条　会議の中止又は休憩のため発言が終らなかった委員は、更にその議事を始めたときは、前の発言を続けることができる。

（質疑又は討論の終結）

第122条　質疑又は討論が終ったときは、委員長は、その終結を宣告する。

②　質疑又は討論が続出して容易に終結しないときは、委員は、質疑又は討論終結の動議を提出することができる。

③　質疑又は討論終結の動議については、委員長は、討論を用いないで会議にはかって決める。

（選挙及び表決時の発言制限）

第123条　選挙及び表決の宣告後は、何人も発言を求めることができない。ただし、選挙及び表決の方法についての発言は、この限りでない。

（発言の取消し又は訂正）

第124条　発言した委員は、委員会の許可を得て発言を取り消し又は委員長の許可を得て発言の訂正をすることができる。

（答弁書の朗読）

第125条　市長その他の関係機関が、質疑に対し、直ちに答弁しがたい場合において答弁書を提出したときは、委員長は、職員をして朗読させる。（参考）

第5節　委員長及び副委員長の互選

（互選の方法）

第126条　委員長及び副委員長の互選は、それぞれ単記無記名投票で行なう。

② 有効投票の最多数を得た者を当選人とする。ただし、得票数が同じときは、くじで定める。

③ 前項の当選人は、有効投票の総数の４分の１以上の得票がなければならない。

④ 第１項の投票を行なう場合には、委員長の職務を行なっている者も、投票することができる。

⑤ 委員会は、委員のうちに異議を有する者がないときは、第１項の互選につき、指名推選の方法を用いることができる。

⑥ 指名推選の方法を用いる場合においては、被指名人をもって、当選人と定めるべきかどうかを委員会にはかり委員の全員の同意があった者をもって、当選人とする。（参考）

（選挙規定の準用）

第127条 前条に定めるもののほか、委員長及び副委員長の互選の方法については第１章・第４節の規定を準用する。（参考）

第６節 表決

（表決問題の宣告）

第128条 委員長は、表決をとろうとするときは、表決に付する問題を宣告する。

（不在委員）

第129条 表決の際会議室にいない委員は、表決に加わることができない。

（条件の禁止）

第130条 表決には、条件を附けることができない。

（起立による表決）

第131条 委員長が表決をとろうとするときは、問題を可とする者を起立させ、起立者の多少を認定して可否の結果を宣告する。

② 委員長が起立者の多少を認定しがたいとき、又は委員長の宣告に対して出席委員から異議があるときは、委員長は、記名又は無記名の投票で表決をとらなければならない。

（投票による表決）

第132条 委員長が必要があると認めるとき、又は出席委員から要求があるときは、記名又は無記名の投票で表決をとる。

② 同時に前項の記名投票と無記名投票の要求があるときは、委員長は、いずれの方法によるかを無記名投票で決める。

（記名投票）

第133条 記名投票を行なう場合には、問題を可とする者は所定の白票を、問題を否とする者は所定の青票を投票箱に投入しなければならない。

（無記名投票）

第134条 無記名投票を行なう場合には、問題を可とする者は賛成と、問題を否とする者は反対と所定の投票用紙に記載し、投票箱に投入しなければならない。

② 無記名投票による表決において、賛否を表明しない投票及び賛否が明らかでない投票は、否とみなす。（参考）

（選挙規定の準用）

第135条 記名投票、又は無記名投票を行なう場合には、第28条（投票用紙の配布及び投票箱の点検）、第29条（投票）、第30条（投票の終了）、第31条（開票及び投票の効力）及び第32条（選挙結果の報告）第1項の規定を準用する。

（表決の訂正）

第136条 委員は、自己の表決の訂正を求めることができない。

（簡易表決）

第137条 委員長は、問題について異議の有無を会議にはかることができる。異議がないと認めるときは、委員長は、可決の旨を宣告する。ただし、委員長の宣告に対して、出席委員から異議があるときは、委員長は、起立の方法で表決をとらなければならない。

（表決の順序）

第138条 同一の議題について、委員から数個の修正案が提出されたときは、委員長が表決の順序を決める。その順序は、原案に最も遠いものから先に表決をとる。ただし、表決の順序について出席委員から異議があるときは、委員長は、討論を用いないで会議にはかって決める。

② 修正案がすべて否決されたときは、原案について表決をとる。

第3章　請願

（請願書の記載事項等）

第139条　請願書には、邦文を用いて、請願の趣旨、提出年月日及び請願者の住所を記載し、請願者が署名又は記名押印をしなければならない。

② 請願者が法人の場合には、邦文を用いて、請願の趣旨、提出年月日、法人の名称及び所在地を記載し、代表者が署名又は記名押印をしなければならない。

③ 前2項の請願を紹介する議員は、請願書の表紙に署名又は記名押印をしなければならない。

④ 請願書の提出は、平穏になされなければならない。

⑤ 請願者が請願書（会議の議題となったものを除く。）を撤回しようとするときは、議長の承認を得なければならない。

（請願文書表の作成及び配布）

第140条　議長は、請願文書表を作成し、議員に配布する。

② 請願文書表には、請願書の受理番号、請願者の住所及び氏名、請願の要旨、紹介議員の氏名並びに受理年月日を記載する。

③ 請願者数人連署のものは請願者某ほか何人と記載し、同一議員の紹介による数件の内容同一のものは請願者某ほか何人と記載するほかその件数を記載する。

（請願の委員会付託）

第141条　議長は、請願文書表の配布とともに、請願を、所管の常任委員会又は議会運営委員会に付託する。ただし、議長において常任委員会又は議会運営委員会に付託する必要がないと認めるときは、この限りでない。

② 前項の規定にかかわらず、議長が特に必要があると認めるときは、常任委員会に係る請願は、議会の議決で、特別委員会に付託することができる。

③ 請願の内容が2以上の委員会の所管に属する場合は、2以上の請願が提出されたものとみなす。

（紹介議員の委員会出席）

第142条　委員会は、審査のため必要があると認めるときは、紹介議員の説明を求めることができる。

② 紹介議員は、前項の要求があったときは、これに応じなければならない。

（請願の審査報告）

第143条　委員会は、請願について審査の結果を次の区分により意見を附け、議長に報告しなければならない。

　　1　採択すべきもの

　　2　不採択とすべきもの

②　採択すべきものと決定した請願で、市長その他の関係機関に送付することを適当と認めるもの並びにその処理の経過及び結果の報告を請求することを適当と認めるものについては、その旨を附記しなければならない。

（請願の送付並びに処理の経過及び結果報告の請求）

第144条　議長は、議会の採択した請願で、市長その他の関係機関に送付しなければならないものはこれを送付し、その処理の経過及び結果の報告を請求することに決したものについてはこれを請求しなければならない。

（陳情書の処理）

第145条　議長は、陳情書又はこれに類するもので、その内容が請願に適合するものは、請願書の例により処理するものとする。

第4章　辞職及び資格の決定

（議長及び副議長の辞職）

第146条　議長が辞職しようとするときは副議長に、副議長が辞職しようとするときは議長に、辞表を提出しなければならない。

②　前項の辞表は、議会に報告し、討論を用いないで会議にはかってその許否を決定する。

③　閉会中に副議長の辞職を許可した場合は、議長は、その旨を次の議会に報告しなければならない。

（議員の辞職）

第147条　議員が辞職しようとするときは、議長に辞表を提出しなければならない。

②　前条第2項及び第3項の規定は、議員の辞職について、準用する。

（資格決定の要求）

第148条　法第127条第1項の規定による議員の被選挙権の有無又は法第92条の2の規定に該当するかどうかについて議会の決定を求めようとする議員は、要求の理由を記載した要求書を、証拠書類とともに、議長に提出しなければならない。

（資格決定の審査）

第149条 前条の要求については、議会は、第37条（議案等の説明、質疑及び委員会付託）第3項の規定にかかわらず、委員会の付託を省略して決定することができない。

（決定書の交付）

第150条 議会が議員の被選挙権の有無又は法第92条の2の規定に該当するかどうかについての法第127条第1項の規定による決定をしたときは、議長は、その決定書を決定を求めた議員及び決定を求められた議員に交付しなければならない。

第5章 規律

（品位の尊重）

第151条 議員は、議会の品位を重んじなければならない。

（携帯品）

第152条 議場又は委員会の会議室に入る者は、帽子、外とう、えり巻、つえ、かさの類を着用し、又は携帯してはならない。ただし、病気その他の理由により議長の許可を得たときは、この限りでない。

（議事妨害の禁止）

第153条 何人も、会議中は、みだりに発言し、騒ぎ、その他議事の妨害となる言動をしてはならない。

（離席）

第154条 議員は、会議中は、みだりにその席を離れてはならない。

（禁煙）

第155条 何人も、議場において喫煙してはならない。

（新聞紙等の閲読禁止）

第156条 何人も、会議中は、参考のためにするもののほか、新聞紙又は書籍の類を閲読してはならない。

（資料等印刷物の配布許可）

第157条 議場又は委員会の会議室において、資料、新聞紙、文書等の印刷物を配布するときは、議長又は委員長の許可を得なければならない。（参考）

（許可のない登壇の禁止）

第158条 何人も、議長の許可がなければ演壇に登ってはならない。

（議長の秩序保持権）

第159条　すべて規律に関する問題は、議長が定める。ただし、議長は、必要があると認めるときは、討論を用いないで会議にはかって定める。

第6章　懲罰

（懲罰動議の提出）

第160条　懲罰の動議は、文書をもって所定数の発議者が連署して、議長に提出しなければならない。

②　前項の動議は、懲罰事犯があった日から起算して3日以内に提出しなければならない。ただし、第49条（秘密の保持）第2項又は第113条（秘密の保持）第2項の規定の違反に係るものについては、この限りでない。

（懲罰動議の審査）

第161条　懲罰については、議会は、第37条（議案等の説明、質疑及び委員会付託）第3項の規定にかかわらず、委員会の付託を省略して議決することはできない。

（戒告又は陳謝の方法）

第162条　戒告又は陳謝は、議会の決めた戒告文又は陳謝文によって行なうものとする。

（出席停止の期間）

第163条　出席停止は、○日をこえることができない。ただし、数個の懲罰事犯が併発した場合又は既に出席を停止された者についてその停止期間内に更に懲罰事犯が生じた場合は、この限りでない。

（出席停止期間中出席したときの措置）

第164条　出席を停止された者がその期間内に議会の会議又は委員会に出席したときは、議長又は委員長は、直ちに退去を命じなければならない。

（懲罰の宣告）

第165条　議会が懲罰の議決をしたときは、議長は、公開の議場において宣告する。

第7章　協議又は調整を行うための場

（協議又は調整を行うための場）

第166条　法第100条第12項の規定による議案の審査又は議会の運営に関し協議又は調整を行うための場（以下「協議等の場」という。）を別表のとおり設ける。

②　前項で定めるもののほか、協議等の場を臨時に設けようとするときは、議会の議決でこれを決定する。

③　前項の規定により、協議等の場を設けるに当たっては、名称、目的、構成員、招集権者及び期間を明らかにしなければならない。

④　協議等の場の運営その他必要な事項は、議長が別に定める。

第8章　議員の派遣

（議員の派遣）

第167条　法第100条第13項の規定により議員を派遣しようとするときは、議会の議決でこれを決定する。ただし、緊急を要する場合は、議長において議員の派遣を決定することができる。

②　前項の規定により、議員の派遣を決定するに当たっては、派遣の目的、場所、期間、その他必要な事項を明らかにしなければならない。

第9章　補則

（会議規則の疑義に対する措置）

第168条　この規則の疑義は、議長が決定する。ただし、議員から異議があるときは、会議にはかって決定する。

附　則

この規則は、　　　　年　　　月　　　日から施行する。

別表（第166条関係）

名　称	目　的	構成員	招集権者

○標準市議会委員会条例

（常任委員会の設置）

第1条　議会に常任委員会を置く。

（常任委員の所属、常任委員会の名称、委員定数及びその所管）

第2条　議員は、少なくとも一の常任委員となるものとする。

②　常任委員会の名称、委員の定数及び所管は、次のとおりとする。

（常任委員の任期）

第3条　常任委員の任期は、○年とする。ただし、後任者が選任されるまで在任する。

②　補欠委員の任期は、前任者の残任期間とする。

（議会運営委員会の設置）

第4条　議会に議会運営委員会を置く。

②　議会運営委員会の委員の定数は、○人とする。

③　前項の委員の任期については、前条の規定を準用する。

（常任委員及び議会運営委員の任期の起算）

第5条　常任委員及び議会運営委員の任期は、選任の日から起算する。

（特別委員会の設置等）

第6条　特別委員会は、必要がある場合において議会の議決で置く。

②　特別委員の定数は、議会の議決で定める。

③　特別委員は、特別委員会に付議された事件が議会において審議されている間在任する。

（資格審査特別委員会、懲罰特別委員会の設置）

第7条　議員の資格決定の要求又は懲罰の動議があったときは、前条第1項の規定にかかわらず資格審査特別委員会又は懲罰特別委員会が設置されたものとする。（参考）

②　資格審査特別委員及び懲罰特別委員の定数は、前条第2項の規定にかかわらず、○人とする。（参考）

（委員の選任）

第8条　常任委員、議会運営委員及び特別委員（以下「委員」という。）の選任は、議長の指名による。

②　議長は、委員の選任事由が生じたとき、速やかに選任する。

③　議長は、常任委員の申出があるときは、当該委員の委員会の所属を変更
　　することができる。

④　前項の規定により所属を変更した常任委員の任期は、第3条（常任委員
　　の任期）第2項の例による。

（委員長及び副委員長）

第9条　常任委員会、議会運営委員会及び特別委員会（以下「委員会」という。）
　　に委員長及び副委員長1人を置く。

②　委員長及び副委員長は、委員会において互選する。

③　委員長及び副委員長の任期は、委員の任期による。

（委員長及び副委員長がともにないときの互選）

第10条　委員長及び副委員長がともにないときは、議長が委員会の招集日時
　　及び場所を定めて、委員長の互選を行なわせる。

②　前項の互選の場合には、年長の委員が委員長の職務を行なう。

（委員長の議事整理権・秩序保持権）

第11条　委員長は、委員会の議事を整理し、秩序を保持する。

（委員長の職務代行）

第12条　委員長に事故があるとき又は委員長が欠けたときは、副委員長が委
　　員長の職務を行なう。

②　委員長及び副委員長ともに事故があるときは、年長の委員が委員長の職
　　務を行なう。

（委員長、副委員長の辞任）

第13条　委員長及び副委員長が辞任しようとするときは、委員会の許可を得
　　なければならない。

（委員の辞任）

第14条　委員が辞任しようとするときは、議長の許可を得なければならない。

（招集）

第15条　委員会は、委員長が招集する。

②　委員の定数の半数以上の者から審査又は調査すべき事件を示して招集の
　　請求があったときは、委員長は、委員会を招集しなければならない。

（定足数）

第16条　委員会は、委員の定数の半数以上の委員が出席しなければ会議を開
　　くことができない。ただし、第18条（委員長及び委員の除斥）の規定に

　　　よる除斥のため半数に達しないときは、この限りでない。

　　（表決）

第17条　委員会の議事は、出席委員の過半数で決し、可否同数のときは、委
　　　員長の決するところによる。

　　②　前項の場合においては、委員長は、委員として議決に加わることができ
　　　ない。

　　（委員長及び委員の除斥）

第18条　委員長及び委員は、自己若しくは父母、祖父母、配偶者、子、孫若
　　　しくは兄弟姉妹の一身上に関する事件又は自己若しくはこれらの者の従事
　　　する業務に直接の利害関係のある事件については、その議事に参与するこ
　　　とができない。ただし、委員会の同意があったときは、会議に出席し、発
　　　言することができる。

　　（傍聴の取扱）

第19条　委員会は、議員のほか、委員長の許可を得た者が傍聴することがで
　　　きる。

　　②　委員長は、必要があると認めるときは、傍聴人の退場を命ずることがで
　　　きる。

　　（秘密会）

第20条　委員会は、その議決で秘密会とすることができる。

　　②　委員会を秘密会とする委員長又は委員の発議については、討論を用いな
　　　いで委員会にはかって決める。

　　（出席説明の要求）

第21条　委員会は、審査又は調査のため、市長、教育委員会の教育長、選挙
　　　管理委員会の委員長、公平委員会の委員長、農業委員会の会長及び監査委
　　　員その他法律に基づく委員会の代表者又は委員並びにその委任又は嘱託を
　　　受けた者に対し、説明のため出席を求めようとするときは、議長を経てし
　　　なければならない。

　　（秩序保持に関する措置）

第22条　委員会において地方自治法（昭和22年法律第67号。以下「法」とい
　　　う。）、会議規則又はこの条例に違反し、その他委員会の秩序を乱す委員が
　　　あるときは、委員長は、これを制止し、又は発言を取り消させることがで
　　　きる。

② 委員が前項の規定による命令に従わないときは、委員長は、当日の委員会が終わるまで発言を禁止し、又は退場させることができる。

③ 委員長は、委員会が騒然として整理することが困難であると認めるときは、委員会を閉じ、又は中止することができる。

（公聴会開催の手続）

第23条 委員会が、公聴会を開こうとするときは、議長の承認を得なければならない。

② 議長は、前項の承認をしたときは、その日時、場所及び意見をきこうとする案件その他必要な事件を公示する。

（意見を述べようとする者の申出）

第24条 公聴会に出席して意見を述べようとする者は、文書であらかじめその理由及び案件に対する賛否を、その委員会に申し出なければならない。

（公述人の決定）

第25条 公聴会において意見を聞こうとする利害関係者及び学識経験者等（以下「公述人」という。）は、あらかじめ文書で申し出た者及びその他の者の中から、委員会において定め、議長を経て、本人にその旨を通知する。

② あらかじめ申し出た者の中に、その案件に対して、賛成者及び反対者があるときは、一方にかたよらないように公述人を選ばなければならない。

（公述人の発言）

第26条 公述人が発言しようとするときは、委員長の許可を得なければならない。

② 公述人の発言は、その意見を聞こうとする案件の範囲を超えてはならない。

③ 公述人の発言がその範囲を超え、又は公述人に不穏当な言動があるときは、委員長は、発言を制止し、又は退席させることができる。

（委員と公述人の質疑）

第27条 委員は、公述人に対して質疑をすることができる。

② 公述人は、委員に対して質疑をすることができない。

（代理人又は文書による意見の陳述）

第28条 公述人は、代理人に意見を述べさせ、又は文書で意見を提示することができない。ただし、委員会が特に許可した場合は、この限りでない。

（参考人）

第29条　委員会が、参考人の出席を求めるには、議長を経なければならない。

　②　前項の場合において、議長は、参考人にその日時、場所及び意見を聞こうとする案件その他必要な事項を通知しなければならない。

　③　参考人については、第26条（公述人の発言）、第27条（委員と公述人の質疑）及び第28条（代理人又は文書による意見の陳述）の規定を準用する。

（記録）

第30条　委員長は、職員をして会議の概要、出席委員の氏名等必要な事項を記載した記録を作成させ、これに署名又は押印しなければならない。

　②　前項の記録は、電磁的記録によることができる。この場合における同項の署名又は押印については、法第123条第3項の規定を準用する。

　③　前2項の記録は、議長が保管する。

（会議規則への委任）

第31条　この条例に定めるもののほか、委員会に関しては、会議規則の定めるところによる。

　　　　　　附　則

この条例は、　　　　年　　　月　　　日から施行する。

参考文献

『議員・職員のための議会運営の実際』地方議会研究会／編著（自治日報社）

『地方自治関係実例判例集　普及版（第15次改訂版)』地方自治制度研究会／編集（ぎょうせい）

『質疑応答　議会運営実務提要』議会運営実務研究会／編集（ぎょうせい）

『最新　地方自治法講座　5　議会』井上源三／編（ぎょうせい）

『地方議会運営事典　第2次改訂版』地方議会運営研究会／編集（ぎょうせい）

『地方議会実務講座　改訂版』野村稔、鵜沼信二／共著（ぎょうせい）

『新版　逐条地方自治法　第9次改訂版』松本英昭／著（学陽書房）

<＜購読者専用Webサイトのご案内＞

　本書掲載の資料（地方自治法及び標準市議会会議規則等）を印刷してご活用いただけるよう、「『地方議会議員ハンドブック　第2次改訂版』購読者専用Webサイト」から、PDFをダウンロードすることができます。
　下記要領に従って、会員登録をしてください。

① 　ご使用のPC等から、弊社ホームページ（https://shop.gyosei.jp/）へアクセスします。
② 　ホームページ右側にある「書籍購読者専用サービス」のバナーをクリックします。

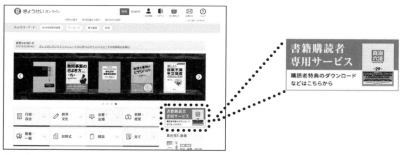

③ 　「地方議会議員ハンドブック　第2次改訂版」を選択してください。
④ 　「『地方議会議員ハンドブック　第2次改訂版』購読者専用Webサイト」の案内に従って会員登録をしてください。
⑤ 　会員登録したアドレスにお送りしたパスワードで、購読者専用ログインページからログインします。
⑥ 　ダウンロードを行います。ダウンロードに必要なパスワードは以下のとおりです。

【ユーザー名】giin
【パスワード】giinbook2
（すべて英数半角）

地方議会議員ハンドブック　第2次改訂版

2023年6月20日　第1刷発行
2024年4月1日　第3刷発行

著　者　　**全国市議会議長会**

発　行　　株式会社 **ぎょうせい**

〒136-8575　東京都江東区新木場1-18-11
URL：https://gyosei.jp

フリーコール　0120-953-431

ぎょうせい　お問い合わせ　検索　https://gyosei.jp/inquiry/

〈検印省略〉

印刷　ぎょうせいデジタル㈱　　　　　　　©2023　Printed in Japan

※乱丁・落丁本はお取り替えいたします。

ISBN978-4-324-11274-8
(5108871-00-000)
〔略号：議員ブック（2訂）〕